10 Maldiciones QUE BLOQUEAN la Bendición

LARRY HUCH

10 Maldiciones QUE BLOQUEAN la Bendición

WHITAKER HOUSE

Traducción al español por: Sara Castillo Ramos.
Nota de la traductora: Para mayor facilidad de traducción, el género masculino, en todas sus formas tanto plural como singular (i.e.: él, ellos, hombre, hombres, hijo, hijos, etc.), se utiliza en este libro en forma inclusiva para referirse a ambos géneros (masculino y femenino).

10 Maldiciones que Bloquean la Bendición
Publicado originalmente en inglés bajo el título
10 Curses That Block the Blessing.

Usted puede contactar al Pastor Larry y a Tiz escribiéndoles a:
Larry Huch Ministries
P. O. Box 610890
Dallas, TX 75261
Teléfono: 972.313.7133
Sitios electrónicos: www.newbeginnings.org; www.LarryHuchMinistries.com

ISBN-13: 978-0-88368-585-3 • ISBN-10: 0-88368-585-X
Impreso en los Estados Unidos de América
© 2007 por Larry Huch

Whitaker House
1030 Hunt Valley Circle
New Kensington, PA 15068
www.whitakerhouse.com

Library of Congress Cataloging-in-Publication Data
Huch, Larry.
[10 curses that block the blessing. Spanish]
10 maldiciones que bloquean la bendición / Larry Huch.
p. cm.
Summary: "Explains the ten biblical curses that block the blessings Christians should receive and shows how to reverse the curse and release the blessing"
—Provided by publisher.
ISBN-13: 978-0-88368-585-3 (trade pbk. : alk. paper)
ISBN-10: 0-88368-585-X (trade pbk. : alk. paper)   1. Christian life.
2. Conduct of life. I. Title. II. Title: Diez maldiciones que bloquean la bendición.
BV4501.3.H8218 2007
248.4—dc22   2006039530

3 4 5 6 7 8 9 10 11 12 **UJ** 15 14 13 12 11 10 09 08

Dedicatoria

Este libro está dedicado a mi familia. A mis hijos y sus cónyuges: Anna & Brandin, Luke & Jen, y Katie; a la dulzura de mis nietos gemelos, Asher & Judah; y como siempre, a mi esposa Tiz, mi *roble*.

No les puedo decir lo suficiente cuán orgulloso estoy de todos ustedes. Su constante ejemplo de fe, amor y dedicación al Señor y a Su pueblo trae honor, gozo y propósito a mi vida.

Les amo a todos.

Contenido

Prefacio

Alguna vez se ha preguntado, o quizás haya dicho en voz alta, "Señor, ¿qué pasa? Te amo. Soy nacido de nuevo, un cristiano, un hijo de Dios, pero eso no está funcionando. Señor, creo en Tu Palabra, pero ésta no funciona para mí y mi familia, simplemente no funciona". Bien, sé exactamente cómo usted se siente. Yo me he sentido de la misma manera, también mi esposa, Tiz, se ha sentido así. En este libro le mostraré las respuestas a la pregunta, "Señor, ¿qué pasa? El Señor quiere llevarle más allá de su salvación. Juntos, usted y yo, subiremos al Calvario y tocaremos a Jesús y el poder de Su cruz. ¿Está listo para *eliminar la maldición* y finalmente *liberar la bendición*?

Hace algunos años, el Pastor Benny Hinn me invitó a su programa televisivo para compartir mi testimonio de haber sido libertado de la cocaína y la heroína. Un joven que el Pastor Benny conocía había vuelto a las drogas, desafortunadamente tomó una sobredosis y murió. Él me dijo que había visto y oído de tantas personas con una historia similar. Ellos fueron salvos, parecían verdaderamente amar al Señor, pero por alguna razón volvieron a caer en los mismos problemas antiguos. En el caso de este joven fueron las drogas, pero puede ser cualquier cosa. Puede ser el enojo, la deuda, el divorcio o la ilegitimidad. Quizás usted o alguien que usted conoce lucha contra la depresión o el fracaso. Algunas veces la guerra es contra la pobreza, y, como todos sabemos, la lista continúa. Entonces, ¿cuál es la respuesta? Simple, está en frente de nosotros. El asunto ya ha sido resuelto; sin embargo, como lo diré una y otra vez en este libro, Oseas 4:6 dice, *"Mi pueblo fue destruido, porque le faltó conocimiento"*. Le expliqué al Pastor Benny que el Señor me mostró que yo había ido al Calvario para recibir mi salvación, pero no me quedé el tiempo suficiente para recibir mi liberación.

Permítame detener la historia por un momento y hablarle acerca de lo que la palabra *liberación* significa, y de igual importancia, lo que no significa. Muchas veces cuando escuchamos la palabra liberación y el dar libertad a los cautivos, inmediatamente pensamos sobre alguien que está poseído o tiene un demonio. No es eso acerca de lo que discutiré en este libro. Primero, usted necesita entender que un cristiano no puede ser poseído por un demonio. Si usted ha recibido a Jesucristo como su Señor y Salvador, usted les ha pedido al Señor y a Su Espíritu Santo que entren en su corazón y vida. Ningún demonio puede vivir en la misma casa que Jesucristo. De manera que al enseñarle sobre la liberación, estoy asumiendo que usted es un hijo de Dios, que ha nacido de nuevo, y, por ende, usted no puede estar poseído de demonios. Aunque un espíritu o demonio no puede poseer su vida, es muy posible que esté oprimiendo algunas áreas de su vida.

> *Entonces* [el ángel] *me dijo: Daniel, no temas; porque desde el primer día que dispusiste tu corazón a entender y a humillarte en la presencia de tu Dios, fueron oídas tus palabras; y a causa de tus palabras yo he venido. Más el príncipe del reino de Persia se me opuso durante veintiún días; pero he aquí Miguel, uno de los principales príncipes, vino para ayudarme, y quedé allí con los reyes de Persi.*
>
> (Daniel 10:12–13)

Dios escuchó la oración de Daniel y estuvo listo para responder, pero un espíritu estaba bloqueando la bendición para que no llegara. Puede que el enemigo esté bloqueando la bendición por la que Jesús ya ha pagado. A lo largo de este libro usted encontrará cómo finalmente lograr un gran avance para moverse de la pobreza a la prosperidad, de la enfermedad a la salud, del campo de batalla a la victoria. Todo lo que necesitamos hacer es *eliminar la maldición y liberar la bendición.*

Cuando oro para que los cristianos rompan las maldiciones que estén en sus vidas, no hay gritos, no hay alaridos, ni siquiera hay manifestaciones de los demonios. Muchas veces, hay una sensación física muy real y positiva—una expresión de gozo, paz y alegría. He tenido personas que me dicen, "El enojo se ha ido. Lo sentí irse". Ellos sienten que la mano de Dios los tocó. No es fácil de explicar, pero ellos saben que, "el Hijo realmente los ha libertado". Todos nosotros hemos visto personas por las que se ora, luego vemos todo tipo de manifestaciones dramáticas que toman lugar. La mayor parte de esas cosas son solamente para lucirse.

Tiz y yo acabábamos de abrir nuestra primera iglesia en Santa Fe, Nuevo México. De hecho, era el fin de semana de nuestra apertura. Después del primer servicio, yo me encontraba al frente hablando con algunas personas nuevas cuando Tiz se me acercó con un rostro de preocupación. "Será mejor que vengas atrás", me dijo. Me fui a un salón en la parte trasera de nuestra iglesita y vi cerca de siete u ocho personas en un círculo, gritando, dando alaridos mientras oraban. Luego vi hacia abajo a una adolescente que estaba acostada en el piso, tosiendo en una bolsa de papel. Detuve ese disparate y les pregunté "Gente, ¿qué creen que están haciendo?". Vea lo que respondieron, "[Ella está tosiendo en la bolsa de papel] para que atrapemos al demonio cuando salga". A lo que yo respondí, "¡Si el demonio que ustedes están tratando de echar fuera es tan pequeño que no se puede salir de una bolsa de papel, entonces déjenlo ahí—no es demasiado grande como para hacer algún daño!". Como descubrimos, no había nada de malo con la chica. Este tipo de teatros le hace demasiado daño a la verdad de Dios de que Jesús vino a dar libertad a los cautivos. Recuerde, no es el espectáculo el que nos liberta, es la verdad que conocemos.

Volviendo al programa del Pastor Benny Hinn, a medida que comencé a enseñar acerca de romper las maldiciones familiares, el Pastor Benny le dijo al director, "Paren de grabar. Comencemos de nuevo y hagamos toda una semana de esta enseñanza". Cuando terminamos toda una semana de grabación, Benny dijo, "Larry, nunca antes había escuchado este tipo de revelación. Invitemos a Tiz para enseñar la siguiente semana". Yo compartí sobre cómo Jesús vino no solamente para perdonar nuestros pecados, sino que Él vino para "¡dar vida y vida en abundancia!"

El ladrón no viene sino para hurtar y matar y destruir; yo he venido para que tengan vida, y para que la tengan en abundancia. (Juan 10:10)

Todos sabemos que, por medio de la muerte de Jesús, nuestros pecados son perdonados. Jesús murió por nosotros para que pudiéramos ser perdonados, y, una vez pudiéramos tener una relación, por medio de Él, con el Dios de Abraham, Isaac y Jacob. El Dios de Israel es ahora nuestro Dios también. Digo esto todo el tiempo: Si todo lo que Jesús hizo fue morir para perdonar nuestros pecados, no podríamos adorarle lo suficiente, servirle lo suficiente o amarle lo suficiente. Sin embargo, Jesús hizo mucho más que simplemente perdonar nuestros pecados y dejarnos solos.

Primero, Jesús no solamente murió, sino que Él murió en la cruz. Él no sólo tomó nuestros pecados, sino que Él tomó cada maldición que nuestros pecados y los pecados de nuestras familias hayan ocasionado sobre nosotros. "Maldito Él que fue colgado en un madero".

Cristo nos redimió de la maldición de la ley, hecho por nosotros maldición "porque está escrito: Maldito todo el que es colgado en un madero". (Gálatas 3:13)

No dejaréis que su cuerpo pase la noche sobre el madero; sin falta lo enterrarás el mismo día, porque maldito por Dios es el colgado; y no contaminarás tu tierra que Jehová tu Dios te da por heredad.
(Deuteronomio 21:23)

En la crucifixión, normalmente le tomaba a la víctima varios días para morir. Lo que lo mataba no eran los clavos ni la pérdida de sangre. La persona realmente se sofocaba lentamente. Es por eso que los soldados venían a romperle las piernas a Jesús. De acuerdo a las enseñanzas judías, todo el que moría en una cruz tenía una maldición. Ellos tenían que removerlo antes del sábat o la maldición sería transferida a todo el pueblo. Es por eso que Jesús no solamente murió por nosotros, sino que Él tomó nuestras maldiciones porque es "maldito todo el que es colgado en un madero".

La segunda cosa que debemos entender es que nosotros somos redimidos por la sangre del Cordero.

Sabiendo que fuisteis rescatados de vuestra vana manera de vivir, la cual recibisteis de vuestros padres, no con cosas corruptibles, como oro o plata, sino con la sangre preciosa de Cristo, como de un cordero sin mancha y sin contaminación. (1ra Pedro 1:18–19)

La Biblia dice que *"Mi pueblo fue destruido* [por una razón], *porque le faltó conocimiento"* (Oseas 4:6). Jesús no derramó Su sangre solamente en el Calvario, sino que lo hizo siete veces, para que así nosotros pudiéramos reconectarnos con las promesas del pacto con Dios. La crucifixión y la sangre de Jesús han hecho que nuestra redención fuera completa. Efesios 1:7 dice, *"En quien tenemos redención por su sangre, el perdón de pecados según las riquezas de su gracia"*. Y Apocalipsis 12:11 dice, *"Y oyeron una gran voz del cielo; que les decía: Subid acá. Y subieron al cielo en una nube; y sus enemigos los vieron"*.

Cuando fueron presentados los programas de Benny Hinn, muchos miles de personas llamaron o escribieron para decir que, como cristianos, ellos finalmente encontraron lo que pasaba—ellos tenían que eliminar la maldición antes de que pudieran liberar la bendición. Cuando Benny Hinn y yo fuimos a *Oral Roberts University* y llevamos a cabo un servicio mundial para dar libertad a los cautivos, Benny me dijo, "Larry, debes escribir un libro y enseñar esto al mundo". Eso pasó a ser la semilla para mi libro, *Libre al Fin*. Luego me dijo algo que me iba a embarcar en una jornada que cambiaría mi vida y mi ministerio: "Larry, Dios te ha dado la misma unción y espíritu de Derek Prince". Yo no sabía quién era Derek Prince, pero por designio de Dios, estaba por saberlo.

Una par de semanas más tarde, Tiz y yo nos encontrábamos cenando con Oral y Evelyn Roberts. En un momento Oral me dijo, "Larry, he estado escuchando tus enseñanzas acerca de romper las maldiciones que bloquean la bendición del Señor para nuestras vidas. Esta es una revelación que hace falta en el cuerpo de Cristo". Luego nos dijo a Tiz y a mí que al inicio Dios lo había llamado a él al ministerio de liberación, pero que luego lo movió al ministerio de sanidad. Seguidamente dijo algo que tocó profundamente mi corazón. Él dijo, "Quiero orar por ustedes, pues creo que el Señor les ha dado mi manto de liberación" ¡Cáspita! Escuche lo que sigue. Él dijo, "Larry, Dios te está enviando a llevar liberación a Su pueblo, tal como lo hizo con Derek Prince".

Poco tiempo después invitamos a una pareja de Colombia, América del Sur, a dar una conferencia en *New Beginnings* (Nuevos comienzos). Yo ya los conocía. La primera noche de la conferencia, mientras todos confraternizábamos, la esposa del pastor me dijo, "Pastor Larry, yo no sé por qué el Señor quiere que le diga esto, pero Él dice que le ha dado el don de liberación, y, el don para enseñar sobre ello, lo cual cambiará las vidas de las personas alrededor del mundo". Al día siguiente mientras almorzábamos, el pastor me dijo, "Anoche tuve un sueño. No sé lo que significa, pero el Señor me dijo que debía contárselo a usted". Luego dijo que él estaba sentado en una plataforma, sentado a la par de él estaba Derek Prince. Mientras estaban sentados vieron una multitud de gente que venía a agradecer a Derek por su liberación, pero hubo un ruido detrás de ellos y vieron una masa de gente que venía hacia ellos. "Ellos venían a ser libertados. Cuando Derek los vio venir, él comenzó a ponerse en pie para ministrarles. Sin embargo, mientras él se ponía en pie Dios puso Su mano en el hombro de Derek y dijo, 'Quédate sentado y descansa. He levantado a otro y él les enseñará acerca de mi liberación'".

Otro pastor que estaba con nosotros me preguntó si yo conocía a Derek Prince. Le dije que no sabía mucho sobre él.

Entonces él dijo, "Bien, creo que esto es como cuando Reinhard Bonnke fue enviado a imponer manos sobre el hermano [George] Jeffries. Usted debe encontrar a Derek Prince".

Así fue como comenzamos a buscar al hermano Prince y supimos que vivía en Jerusalén, Israel. Al saber esto, entendí que tenía que ser del Señor, ya que gran parte de ver al pueblo de Dios ser libertado y entrar en las bendiciones que Jesús ha pagado es tener un conocimiento correcto de la Palabra de Dios y volver a nuestras raíces judías. Muy pronto escribiré un libro sobre el tema "Jesús, nuestro Mesías judío". He descubierto que hemos obviado muchas de las grandes verdades de Dios debido a que vemos Su Palabra desde la perspectiva de Atenas, en vez de la perspectiva de Jerusalén.

Llamamos al hermano Prince, en Israel, para ver si era posible reunirnos con él. Al inicio se nos dijo que no. Luego nos dimos cuenta que él es una persona muy privada, pero además de eso descubrimos que estaba muy enfermo con cáncer. Uno de sus asistentes nos preguntó por qué queríamos verle. Después de contarle la historia que nos llevó hasta el hermano Prince, él se quedó callado en el teléfono y luego dijo, "Quédese cerca del teléfono. Le llamaré enseguida". En corto tiempo sonó mi teléfono. "¿Cuándo puede llegar acá?". Me preguntó. "Si usted quiere conocer a Derek, debe llegar acá pronto. Él está muy enfermo". Pocos días después, aterrizamos en Tel Aviv. Al día siguiente fuimos llevados al hogar de Derek; sin embargo, al llegar se nos dijo la mala noticia. Uno de sus impartidores de cuidado salió a decir, "Pastor Larry, lo siento mucho, pero Derek está tan enfermo hoy que no puede levantarse de la cama". Le dije que nos iríamos que no queríamos perturbarlo. "No, él le está esperando".

Lo que ocurrió seguidamente es uno de los días de mi vida más poderosos espiritualmente. Entramos a la pequeña habitación de Derek, donde se encontraba recostado en una cama de hospital. La habitación era apenas lo suficientemente grande para que tres o cuatro personas estuvieran con él. Cuando nos dimos las manos por primera vez, él me pidió que le contara mi historia. Después de compartir con este gran hombre de Dios lo que el Señor me había estado enseñando y las palabras que había recibido de Benny Hinn, Oral Roberts y otros, él dijo, "Comencemos a alabar al Señor. Necesito escuchar de Dios". Me hubiera gustado que usted estuviera en esa pequeña habitación conmigo. Ahí se encontraba él, enfermo y en cama, recostado, elevó sus manos y nos dirigió en cánticos de adoración a Dios. La presencia de Dios fue sobrenatural. Se podía sentir el Espíritu del Señor que llenaba la habitación. Yo nunca había sentido nada igual. Inmediatamente recordé las palabras de Jesús en Mateo 18:20, *"Porque donde están dos o tres congregados en mi nombre, allí estoy yo en medio de ellos"*.

Después de alabanza Derek dijo, "Tengo una palabra del Señor". Me arrodillé al lado de su cama, él puso su mano sobre mi cabeza y comenzó a profetizar. Al comienzo, su voz era tan débil que no podía oír lo que estaba diciendo, pero podía sentir su mano temblorosa en mi cabeza. Luego, de repente, el temblor paró. Su mano ya no temblaba y su voz era fuerte al darme la profecía del Señor. "Mi hijo, Te estoy enviando a las naciones a los continentes del mundo, dice el Señor. Tú serás una flecha lanzada del arco de la misma mano de Dios, y tú destruirás a los enemigos de Mi pueblo". Entonces, su voz se volvió débil y su mano comenzó a temblar nuevamente. No tengo palabras para describir la presencia de Dios que sentí sobre mí y que todos sentimos en esa pequeñita habitación en Jerusalén.

Un muy buen amigo mío, Joseph Shulam, quien conocía a Derek por muchos años, estaba conmigo ese día. Él es un creyente judío, tiene una congregación en Jerusalén y es conocido y respetado mundialmente. Cuando Derek terminó de orar por mí, Joseph se arrodilló al lado de su cama y con lágrimas en sus ojos le pidió a Derek que orara por él también. Cuando salimos de la casa de Derek, Joseph me preguntó, "¿Sabes cuál es la porción de la Tora para Israel hoy? Es la historia de Jacob imponiendo manos sobre Efraín y Manasés"

Y vio Israel los hijos de José, y dijo: ¿Quiénes son éstos? Y respondió José a su padre: Son mis hijos, que Dios me ha dado aquí. Y él dijo: Acércalos ahora a mí, y los bendeciré…Y los bendijo aquel día, diciendo En ti bendecirá Israel, diciendo: Hágase Dios como a Efraín y como a Manasés. Y puso a Efraín antes de Manasés. (Génesis 48:8–9, 20–22)

Eso es exactamente lo que sentí que me ocurrió ese día, una impartición de unción para dar libertad a los cautivos. Por medio de un gran hombre de Dios, una gran unción fue liberada en mi vida, al igual que Jacob impuso manos sobre Efraín y Manasés. Es por eso que usted ahora lee este libro. La unción de Dios me ha dado voluntad para libertarlo a usted.

Tiempo después, Joseph me escribió esta carta:

Shalom, Larry:

Ayer fui invitado a visitar a Derek Prince en su hogar. Él quería que algunos líderes de Israel vinieran a él. La reunión fue maravillosa y tuvimos una muy buena discusión.

Creo que el Señor te ungirá con un nuevo y poderoso ministerio de enseñanza y con un gran amor por Israel y por el pueblo judío, tal como lo hizo con Derek. No será nada parecido al amor que ahora tienes por Israel y el pueblo judío; será algo sobrenatural y más allá del entendimiento. Será un ministerio internacional con influencia en muchos miles de personas alrededor del mundo.

Esto, en mi opinión, será la cuarta ola del Espíritu Santo que limpiará al mundo y preparará el camino para la pronta venida del Mesías a Sión.

—*Joseph Shulam*

Jimmy McClintock, uno de los hombres que estaban conmigo ese día, grabó la profecía que Derek me daba. La he mostrado solamente a unas cuantas personas; es demasiado personal. Mas ese día, mi vida cambió para siempre. Mi oración hoy es que por medio de este libro Dios me use ¡como una flecha, lanzada del arco de Su misma mano, para destruir al enemigo que ha tratado de destruirlo a usted! ¡Vayamos juntos ahora y removamos la maldición y liberemos la bendición!

—*Larry Huch*

Introducción

Por Sid Roth

$\mathcal{D}$ ios ha libertado a Larry Huch de una vida de ira y drogadicción incontrolable, por medio de una verdad reveladora acerca del romper las maldiciones familiares, lo cual está transformando las vidas de miles alrededor del mundo. El primer libro de Larry, *Libre al Fin*, habla de su testimonio completo.

Un comienzo inverosímil para un hombre de Dios

Nacido en St. Louis, Missouri, desde temprana edad Larry experimentó la presión y el dolor de la vida en el centro de la ciudad. Generaciones de enojo, violencia y adicción lo alcanzaron en sus ciclos viciosos. Por generaciones, el enojo y la violencia habían plagado su familia.

El dolor y la desesperación de su vida fueron fuerzas abrumadoras, y, para cuando tenía nueve años, Larry dejó su niñez atrás para volverse un jovencito zascandil y peligroso.

Por jugar fútbol americano, Larry se ganó una beca deportiva para ir a la universidad y dejar atrás su viejo vecindario. Como atleta en la universidad, su juego intrépido y agresivo le hizo una estrella en el fútbol. Finalmente parecía que su vida estaba cambiando para bien.

Él *debía* haberse sentido realizado pero no lo estaba. Él comenzó a sentirse vacío y comenzó a experimentar con las drogas. Pronto, la vida de las drogas lo consumía por completo.

Una vida como traficante de drogas

Con el tiempo, Larry comenzó a vender drogas para poder financiar su hábito personal. Esa decisión rápidamente lo propulsó al mundo secreto y volátil de los capos narcotraficantes, algo que pocas personas han experimentado de primera mano. Finalmente, terminó viviendo en Medellín, Colombia, donde compraba y vendía drogas a tiempo completo.

Larry sacó provecho del narcotráfico y vivió una vida lujosa en una villa colombiana. Él guardaba en su casa el dinero efectivo en cajas junto con grandes cantidades de cocaína y heroína. Al final, se volvió incapaz de resistir el uso de esas drogas y se encontró usándolas constantemente.

Una sobredosis casi fatal

Un día, mientras se encontraba solo en su casa, él accidentalmente usó una sobredosis de cocaína y estaba tan intoxicado como para darse cuenta de lo que había hecho. A medida que su cuerpo comenzó a desvanecerse y morir, Larry perdía el conocimiento; sin embargo, estaba muy consciente de tres cosas: (1) se estaba muriendo, (2) no quería morir, y, (3) en algún lugar había un Dios que podía ayudarle.

Actualmente, Larry recuerda esta experiencia diciendo, "Antes de mi sobredosis, yo hubiera pensado que era un ateo. Mas cuando me estaba muriendo, no pude hacer otra cosa que clamar a Dios desde lo profundo de mi alma y dije, *'Dios, por favor, no permitas que muera sin encontrar la felicidad'.* En ese momento, supe que iba a vivir y que había sido salvo por la gracia de ese Dios desconocido".

En búsqueda de Dios

Aunque Larry sabía con certeza que Dios lo había librado de la muerte, él no sabía nada acerca de Dios. Él comenzó tratando de encontrarlo en diferentes drogas y religiones exóticas, pero una relación con Dios, el Padre se le soslayaba.

Él se trasladó a una granja en un área rural de Missouri después de que su negocio en Colombia se viniera abajo, y, buscó una auténtica experiencia con Dios, manteniéndose financieramente al vender una pequeña cantidad de drogas.

Larry encuentra a Dios

Después de un episodio en el cual Larry se airó tanto que casi mata a su vecino y la ley estaba detrás de él por tráfico de drogas, él decidió huir a Flagstaff, Arizona.

Un amigo invitó a Larry a visitar su iglesia y él llegó buscando el poder de Dios. Él era un hombre descalzo, con barba, el cabello sucio y largo hasta la cintura, llevaba aretes de plumas largas; era un hombre demacrado, con solamente un poncho que cubriera su pecho desnudo y señas de pinchazos de agujas en sus brazos. Cuando él escuchó el testimonio de Jesús, algo comenzó a moverse en Larry. Por primera vez, él supo que estaba escuchando la verdad acerca de Dios. Su corazón fue repentinamente lleno del conocimiento de que Jesús era el Mesías, el Hijo del Dios viviente, quien había salvado su vida en América del Sur.

Cuando el pastor invitó a las personas a conocer a Jesús como su Salvador, Larry se halló arrodillado en el altar, aunque ini siquiera se había dado cuenta que había pasado al frente! A medida que Larry le oró a Dios por segunda vez, un tremendo peso le fue quitado de encima. Él sintió que años de perversión y soledad se desplomaron.

Convirtiéndose en un ex adicto

Más adelante, Larry se dio cuenta que ya no sentía deseo de usar drogas. Él dijo, "Me sentí tan profundamente feliz y completo. Realmente me sentía elevado en Jesús y me di cuenta que ya no necesitaba ni quería las drogas".

Larry esperó y esperó a que volvieran los deseos, pero nunca volvieron. Él había sido completa y totalmente libertado. Eso ocurrió hace más de veintinueve años, y hoy en día Larry dice que "los drogadictos pasan por tratamientos para limpiarse y se les enseña que deben pensar de sí mismo como adictos en recuperación. Yo no soy un 'adicto en recuperación'. Yo soy un ex adicto. Por el poder de Dios, me convertí en una nueva persona, completamente libertada de las drogas".

Llamado al servicio de Dios

Larry comprometió su vida al servicio del Señor y pronto llegó a ser pastor. Ahora él estaba casado y comenzando una familia, y, aunque se había ganado el respeto de muchos, estaba perdiendo el respeto a sí mismo debido a un oscuro y depresivo secreto que nunca compartió.

Larry entiende las maldiciones generacionales

Si bien Dios había liberado completamente a Larry de la adicción a las drogas, él no había sido liberado de los incontrolables arrebatos de enojo que había plagado su vida. Larry había tratado todo lo que él conocía, pero no podía hacer nada para dejar atrás esos terribles momentos de ira.

Esos arrebatos llegaban inesperadamente y cuando lo hacían, él decía y hacía cosas terribles a su esposa y a aun aterrorizaba a sus hijos. Después de episodios violentos, él se disculpaba con lágrimas y le rogaba a su esposa que lo perdonara.

Si bien prometía nunca volver a perder el control, tarde o temprano se le escapaba. Durante un arrebato extremo, él entendió que había llegado a ser tal como las generaciones antes que él, enojadas y violentas. Aunque él había prometido nunca hacer esas cosas, él se había vuelto lo que detestaba más.

En un momento de revelación, él supo que estaba confrontando un patrón generacional, actuando en enojo tal como las generaciones de su familia habían hecho antes que él. Él fue a la Biblia y comenzó un estudio sobre las maldiciones generacionales, lo cual cambió su vida.

Primer paso para eliminar la maldición y liberar la bendición

*La muerte y la vida están en poder de la lengua,
y el que la ama comerá de sus frutos.*
—Proverbios 18:21

Capítulo 1

El poder creativo de la lengua

Bendiciones o maldiciones

E l camino número uno por el cual una maldición puede llegar a su vida y bloquear sus bendiciones está en las palabras que usted se expresa a sí mismo y a otros. Muchas veces nos maldecimos a nosotros mismos por medio de las palabras que expresamos. Todos hemos oído enseñanzas acerca de la prosperidad y las bendiciones de Dios. Tengo que admitir que cuando por primera vez fui salvo, yo acostumbraba hacer mofa de aquellos que enseñaban acerca del poder que cada uno de nosotros tiene por medio de las palabras que pronunciamos al decir cosas como: "Nómbrela y reclámela", "publíquela y tómela". Pero a medida que empecé a estudiar la Palabra de Dios, llegué a entender que cada uno de nosotros tiene el poder de la vida o la muerte, de bendecir o maldecir, con las palabras que decimos y las palabras que permitimos otros digan acerca de nosotros, nuestras vidas, nuestros hijos, nuestros matrimonios, nuestras finanzas y todo lo demás. Las palabras pueden liberar las promesas de Dios, las palabras también pueden bloquear las promesas de Dios. Existe una fuerza creativa detrás de las palabras que expresamos.

Una de las razones por las que muchas personas—yo acostumbraba ser una de ellas—tienen problemas para entender el poder de las palabras que expresamos es porque ellos mal interpretan el principio que va detrás de esta enseñanza. Ellos piensan que el propósito está solamente en confesar alguna clase de bendición material para nuestras vidas. Confieso que tendré un nuevo carro, una nueva casa, un mejor trabajo, etc. Esto podría parecer un poco carnal. Sin embargo, permítame decirle que aunque muchos han hecho mofa de la confesión, y, ha sido mal usada por otros tantos, ella sigue siendo verdad. Cada uno de nosotros va a confesar alguna cosa hoy. ¿Por qué no confesar las buenas cosas de la vida? El deseo de Dios es que nosotros cosechemos bendiciones y prosperidad; y mucho del poder para reclamar esto yace en lo que usted confiese. Desafortunadamente, el poder de nuestra lengua no se limita a hablar palabras positivas y ver las cosas positivas que ocurren. Cuando expresamos palabras negativas, entonces vemos cosas negativas que ocurren.

Vida y muerte en la lengua

"La muerte y la vida están en el poder de la lengua, y el que la ama comerá de sus frutos" (Proverbios 18:21). Haríamos bien en escuchar lo que Dios nos está diciendo en este pasaje. De acuerdo con este versículo, nuestras palabras tienen poder de vida y de muerte. ¡No debemos descartar esta advertencia porque proviene de la boca del mismo Dios!

Conforme a la evidencia de su fe

Pasando Jesús de allí, le siguieron dos ciegos, dando voces y diciendo: ¡Ten misericordia de nosotros, Hijo de David! Y llegado a la casa, vinieron a Él los ciegos; y Jesús les dijo: ¿Creéis que puedo hacer esto? Ellos le dijeron: Sí, Señor. Entonces les tocó los ojos, diciendo: Conforme a vuestra fe os sea hecho. (Mateo 9:27–29)

Cuando dos hombres ciegos le pidieron a Jesús un milagro de sanidad, Jesús dijo: *"Conforme a vuestra fe os sea hecho"* (Mateo 9:29).

Muchos de los hijos de Dios pasan por alto la verdad de este pasaje y no sólo detienen la bendición que llegará a sus vidas, sus familias y sus finanzas, sino que ellos realmente acarrean maldición sobre ellos mismos. Nótese que Jesús dijo: *"Conforme a vuestra fe os sea hecho"*. Él no dijo: "Conforme a vuestra fe positiva, traeré bendición sobre ustedes, pero si tienen fe negativa, Yo sencillamente los ignoraré". No—la fe *positiva* libera *bendiciones;* la fe *negativa* libera *maldiciones.*

¿Cómo están su fe y sus palabras conectadas para eliminar la maldición y liberar la bendición? Eche un vistazo a Hebreos 11:1: *"Es, pues, la fe la certeza de lo que se espera, la convicción de lo que no se ve"*.

¿Por cuáles cosas está usted esperando ahora?

Este es un pasaje que casi todo hijo de Dios ha oído mucho y muchas veces. Quiero resaltar un par de cosas muy importantes que Dios está enseñando aquí. Comenzaremos por el final del versículo y trabajaremos en ese orden hasta llegar al principio. *"Es pues, la fe la certeza de **lo que se espera**"*. Permítame hacerle una pregunta: ¿Qué cosas son las que usted está esperando *ahora mismo*? Y no me de la típica respuesta espiritual que usted cree que debería dar porque ama a Dios. Todos nosotros queremos la paz mundial, ver a las personas venir hacia Dios y amarse los unos a los otros, etc. Toda buena persona desea estas cosas. Pero ¿personalmente qué está *usted* esperando? ¿Para usted mismo, para su familia o para su futuro? Más allá de lo que usted necesita,

¿cuáles son *sus* deseos personales, *sus* necesidades personales, *sus* sueños personales?

¿Necesita usted sanidad en su cuerpo? El mes pasado en nuestra iglesia en Dallas, Texas, vimos a Dios tocar a cinco damas diferentes, a quienes les habían dicho que tenían cáncer. Cada una de ellas ha recibido informes de que su cáncer ¡ha desaparecido totalmente! ¿Necesita usted ver salvos a sus seres queridos, recibir a Jesús como su Señor y Salvador? Talvez ellos han caído, y, al igual que el hijo pródigo, ellos necesitan volver en sí y regresar a la casa de su Padre. Yo le dije a la iglesia aquí en Dallas: "Clamemos para que nuestros seres queridos sean salvos en los próximos sesenta días". En la primera semana vimos más de noventa personas recibiendo a Jesús como Señor y Salvador. Quiero recordarles que *"Dios no hace acepción de personas"* (Hechos 10:34)—su familia es la siguiente. ¿Necesita usted un adelanto financiero o la cancelación milagrosa de una deuda? Cada semana estamos viendo al pueblo de Dios triunfar en cada área de sus finanzas. Las personas están llegando a ser las primeras en la historia de sus familias que compran sus casas propias. Estamos viendo una increíble cancelación de deudas, nuevos empleos y nuevos negocios.

Esta es su oportunidad. ¿Qué *desea* usted? ¿Qué espera que Dios haga totalmente? Cuando Dios dice que nuestra fe es la certeza de lo que esperamos, Él nos está extendiendo una invitación amplia, sin límites y sin fronteras.

Aquí está un ejemplo fenomenal de cómo el poder de sus palabras puede romper maldiciones y liberar bendiciones. Recientemente acá en *New Beginnings*, en Dallas, tuvimos una gran celebración. Un matrimonio de nuestra iglesia tuvo una hermosa niña. Ahora hay una razón suficiente para celebrar la bondad de Dios. Pero la historia detrás del nacimiento hizo más agradable la celebración. Estos nuevos padres vinieron a Dallas desde África, vía Londres, Inglaterra. Cuando ellos vinieron a mí pidiendo oración, me dijeron que durante más de once años habían tratado de tener un hijo. Los doctores les habían dado muy poca esperanza. Para añadir a la tensión, debido a la posición en su familia y en su país natal, se ejerce mucha presión en el hombre para tener hijos. Si su esposa no le daba un hijo, su familia pensaba que él debía encontrar otra esposa que pudiera darle hijos. Ellos llegaron a mí, yo de inmediato comprendí que había una maldición en ellos debido a palabras negativas expresadas por amigos y familiares, cercanos y lejanos. Oré con ellos y se rompió el poder de las palabras negativas que se habían dicho de ellos y se expulsó la maldición que estaba bloqueando la bendición. En la *siguiente semana* ella concibió y nueve meses después era obvio que ¡la bendición había sido liberada! Eso me recuerda aquel pasaje en Daniel donde se oró y Dios escuchó la oración, pero había un espíritu bloqueando la bendición que vendría. Quiero que usted comprenda el poder de las palabras que usted expresa y de las palabras que usted permite que otros digan de usted. Es hora de romper la maldición y liberar la bendición. ¿Qué está usted esperando?

En cada uno de estos casos, las personas han hablado palabras negativas de ellos mismos u otros han hablado palabras negativas, y quiero que usted recuerde que necesita romper la maldición de las palabras dichas en su vida.

Miremos la palabra *esperanza*. Usamos esta palabra todo el tiempo. Yo *espero* levantar eso. Yo *espero* conseguir ese nuevo empleo. Yo *espero* que el examen del médico salga positivo.

Cuando empleamos la palabra *esperar*, nos estamos dando una oportunidad mitad y mitad. "Quizás sucederá, quizás no". Esta no es la misma intención del pensamiento que Dios dio en la frase *"lo que se espera"*. *Esperar* aquí significa algo que *yo espero con anhelo*. Esperar no es decir "talvez pueda suceder", sino que es algo que espero que suceda completamente. *"Mi ardiente anhelo y esperanza"* (Filipenses 1:20).

Volviendo a Hebreos 11:1, vamos a dar un paso más: *"Ahora la fe es la **garantía** de las cosas que se esperan"* (NVI). **Garantía** significa "propiedad, confianza, seguridad, dando sustancia a".

> *¡Su fe es la clave para todo lo que usted espera!*

En otras palabras, *sustancia* quiere decir la seguridad, el título de la escritura, de todo lo que usted está esperando, por todo lo que usted espera completamente. Y *su fe* es la llave que cierra o abre todas las cosas que usted está esperando.

Ahora miremos el pasaje de adelante hacia atrás. Su fe es la sustancia (es el título de propiedad, la posesión, la plataforma, la condición) de todo lo que usted espera y ¡que está esperando *con anhelo y seguridad*! Nuestra fe es la clave. ¿La clave para qué? La parte final de Hebreos 11:1 dice: *"la certeza de lo que no se ve"* [o sea, la evidencia de las cosas que no se ven]. Nuestra fe es la prueba o evidencia de las cosas que no vemos todavía.

Cuando los dos ciegos vinieron a Jesús y le pidieron que los sanara, Él les respondió con una pregunta: *"¿Creéis que yo puedo hacer esto?"* (Mateo 9:28). Por supuesto que la respuesta de ellos, fue: *"Sí, Señor"* (versículo 28). Algunas veces oigo a los hijos de Dios responder de la misma manera.

"Pastor Larry, yo no sé por qué Dios no ha contestado mis oraciones. He venido a Él. Le he pedido a Él. Yo creo en Él". No obstante, Él nos dice: "Regresemos a la *evidencia* de su fe". Es asombroso cuán negativos podemos ser algunas veces.

Permítame darle una pequeña tarea para que comprenda claramente esta verdad. El próximo domingo, después que usted vaya a la iglesia, visite un restaurante en cualquier parte de su ciudad y escuche las conversaciones de la gente alrededor suyo. Si es a la hora que la mayoría de las iglesias están saliendo, de seguro muchas de estas personas acabarán de salir de alguna clase de iglesia. Ellos dejaron de oír las "buenas nuevas", cantando himnos como "A un poderoso Dios servimos", o quizás "Majestad, adoramos Su majestad", o talvez "Nuestro Dios reina". Nosotros salimos del lugar donde venimos a adorar al poderoso Dios diciendo que no hay nada imposible para Dios, y un corto tiempo después, mientras almorzamos, confesamos que el diablo va ganar en nuestro matrimonio y en nuestro hogar o que él nos derrotará en nuestras familias, finanzas y futuro. ¡Deténgase! Aquí, en el poder de la lengua, está la vida o la muerte. Es hora de que reconozcamos las palabras negativas que expresamos sobre nuestras vidas. Es hora de que cambiemos. Es hora de eliminar la maldición y liberar la bendición.

Cuando hubieron comido, Jesús dijo a Simón Pedro: Simón, hijo de Jonás, ¿me amas más que éstos? Le respondió: Sí, Señor; tú sabes que Te amo. Él le dijo: Apacienta mis corderos. Volvió a decirle la segunda vez: Simón, hijo de Jonás: ¿Me amas? Pedro le respondió Sí, Señor; tú sabes que te amo. Le dijo: Pastorea mis ovejas. Le dijo la tercera vez: Simón, hijo de Jonás, ¿me amas? Pedro se entristeció de que le dijese la tercera vez: ¿Me amas? y le respondió: Señor, Tú lo sabes todo, Tú sabes que te amo. Jesús le dijo: Apacienta mis ovejas. (Juan 21:15–17)

¿Se ha preguntado alguna vez por qué Jesús hizo que Pedro confesara tres veces que Lo amaba? Las palabras traen bendición y también traen maldición. Pedro había confesado tres veces que amaba a Jesús para borrar la maldición que él mismo había acarreado al negar a Jesús tres veces. Si usted observa en esta enseñanza, la primera cosa que Jesús dijo fue: *"¿Pedro, me amas?"* *"Sí, Señor"*. Y Jesús le dijo: *"Alimenta mis corderos"*. El primer lugar donde Pedro negó a Jesús fue frente a una jovencita. Por cada lugar que Pedro trajo una maldición sobre sí mismo, por medio de palabras negativas, Jesús anuló la maldición con las palabras de Pedro de amor y aceptación.

¿Ha expresado usted palabras negativas sobre sus finanzas, sus hijos o su matrimonio? Por cada palabra negativa que usted ha dicho, necesita eliminar esa maldición y liberar la bendición expresando palabras positivas. "Yo nunca recibiré un aumento de salario". Usted necesita anular esa maldición y decir: "Todo lo que he puesto en las manos de Dios, prosperará". Talvez usted en un momento de ira ha dicho: "Mis hijos nunca se van a enderezar". Usted necesita anular esa maldición y liberar la bendición sobre sus hijos y decir junto con Dios: *"Cree en el Señor Jesucristo, y serás salvo, tú y tu casa"* (Véase Hechos 16:31). Cualesquiera que sean las palabras negativas que usted haya dicho, cualquier palabra negativa que usted ha estado diciendo en contra de usted mismo, por cada una de ellas usted necesita anular la maldición de esas palabras negativas al articular la promesa de las palabras positivas de Dios.

Mi vida cambió con una palabra de Dios. Como dije al principio de este capítulo, fui formado creyendo en contra de este asunto de la confesión positiva desde el momento en que fui salvo. No solamente estábamos contra ello, sino que hicimos mofa de ello. Pero un día, en la habitación de un pequeño hotel en Nuevo México, mi vida y mi entendimiento de la Palabra de Dios y Su amor cambiaron para siempre. Yo me encontraba predicando en una campaña para una iglesia de esa ciudad, y estaba esperando que el pastor pasara por mí. Yo tenía un poco de tiempo extra, así que, abrí mi Biblia y empecé a leer. No estaba buscando algo en particular; sólo quería leer la Palabra de Dios. Abrí mi Biblia en Números 14, y lo que Dios me mostró esa noche verdaderamente me puso en el *primer paso* para entender cómo eliminar la maldición y liberar la bendición.

Usted puede liberar bendición articulando palabras positivas.

> *¿Hasta cuando oiré esta depravada multitud que murmura contra mí, las querellas de los hijos de Israel, que de mí se quejan? Diles: "Vivo yo, dice Jehová, que según habéis hablado a mis oídos, así haré yo a vosotros".* (Números 14:27–28)

Estoy seguro que usted conoce la historia de la vida de Moisés—de cómo libertó a los hijos de Israel y el viaje hacia la Tierra Prometida. Pero permítame contarle nuevamente la historia para que usted vea lo que Dios me mostró. Por cuatrocientos años, Israel estuvo bajo esclavitud en Egipto hasta que Dios envió a Moisés para que pusiera en libertad a Su pueblo. El faraón los dejó ir después que Dios demostró Su poder por medio de diez milagros. Los israelitas no sólo quedaron libres, sino que también se quedaron con "la riqueza del pecador" (Véase Proverbios 13:22). Todo el oro y la plata. Dios dijo: "Los llevaré a la Tierra Prometida que fluye leche y miel". Él no dijo que no habría desafíos a lo largo del camino. Él solamente dijo: "Los llevaré allá. Confíen en Mí". Cuando ellos salieron, todos danzaban y cantaban: "Dios es bueno". Luego encontraron algunos desafíos, el Mar Rojo, el ejército del faraón venía detrás de ellos. Encontraron el desierto, no había agua, no había alimentos. Cada vez que ellos enfrentaban un problema, se olvidaban de la promesa de Dios de llevarlos a la Tierra Prometida. Y ellos gritaban: "¡Vamos a morir! Nuestro problema es más grande que la promesa de Dios".

¿Le suena familiar? "Yo sé lo que Dios dijo, *pero* el Mar Rojo...". Dios lo dividió. "Yo sé lo que Dios dijo, *pero* el ejército del faraón...". Dios los destruyó. "Yo sé lo que Dios dijo, *pero* el desierto...". Dios sacó agua de una roca y cada día caía el alimento del cielo. Los israelitas vieron el poder de Dios repetidas veces. Pero ellos tenían que aprender a crecer y a confiar en las promesas de Dios. Finalmente ellos llegaron a la Tierra Prometida, tal como Dios dijo. Pero cuando llegaron allá, había gigantes en la tierra. Recuerde, cuando Dios lo lleve a usted a su tierra prometida personal, Él nunca le prometió que no habría Goliats, mas Él todavía es un vencedor de gigantes, si usted tiene la fe de David. Si usted observa lo que pasó enseguida, verá que Dios no cambió de pensamiento, sino que realmente fueron ellos los que se maldijeron a sí mismos. Doce hombres fueron enviados a espiar la tierra. Cuando regresaron, diez de los espías volvieron con un informe negativo. Ellos cuestionaron la promesa que Dios les había hecho: *"Mas lo varones que subieron con*

él, dijeron: 'No podremos subir contra aquel pueblo, porque es más fuerte que nosotros'" (Números 13:31). Después de todo lo que Dios había hecho por ellos, ellos continuaban confiando en sus propias fuerzas y no en las promesas de Dios. En el fondo ellos dijeron: "No somos nada. Ellos son más fuertes que nosotros".

Cuando vemos eso, nos preguntamos: *"¿Como pudieron decir eso después de todo lo que Dios había hecho por ellos?"* Pero quiero preguntarle: ¿Dice usted lo mismo? El cáncer no lo puede derrotar a usted, el divorcio no lo puede derrotar a usted, las drogas no lo pueden derrotar a usted y la pobreza tampoco puede derrotarlo a usted. ¿Sabe usted por qué? ¡Porque más grande es Aquel que está en usted que el gigante tratando de mantenerlo fuera de su tierra prometida! *"Hijitos, vosotros sois de Dios, y los habéis vencido; porque mayor es el que está en vosotros, que el que está en el mundo"* (1ra Juan 4:4).

> *Mantenga sus ojos puestos en las promesas de Dios, no en el tamaño de sus problemas.*

Observe qué más dijeron en Números 13:33: *"También vimos gigantes...y éramos nosotros, a **nuestro parecer**, como langostas; y así les **parecíamos a ellos"*** (el énfasis fue añadido). La razón por la que los gigantes tuvieron más poder es que los diez espías miraron el tamaño de su problema, en vez de mirar el tamaño de la promesa. Este es un truco común del enemigo. Ellos se maldijeron a sí mismos y al destino de sus hijos al confesar los problemas en vez de la promesa. Recuerde, la vida y la muerte están en el poder de las palabras. Sus palabras no solamente le matan su destino, sino que también ellas le anulan su promesa e invalidan la promesa de Dios.

¿Recuerda cuando Pedro y los discípulos vieron a Jesús caminando sobre las aguas?

Y los discípulos, viéndole nadar sobre el mar, se turbaron, diciendo: ¡Un fantasma! Y dieron voces de miedo. Pero enseguida Jesús les habló, diciendo: ¡Tened ánimo; yo soy, no temáis! Entonces le respondió Pedro, y dijo: Señor, si eres tú, manda que yo vaya a ti sobre las aguas. Y él dijo: Ven. Y descendiendo Pedro de la barca, andaba sobre las aguas para ir a Jesús. Pero al ver el fuerte viento, tuvo miedo; y comenzando a hundirse, dio voces diciendo: ¡Señor, sálvame! Al momento Jesús, extendiendo la mano, asió de él, y le dijo: ¡Hombre de poca fe! ¿Por qué dudaste? (Mateo 14:26–31)

Al principio los discípulos tenían miedo. Pero Pedro por fe dijo: *"Señor, si eres tú, manda que yo vaya a ti sobre las aguas"*. Jesús sólo dijo: *"Ven"*. Él no explicó cómo iba a suceder el milagro. Él solamente dijo: "Ven. Confía en Mí. Camina por fe". Yo estoy seguro que los otros discípulos pensaron: "Pedro, ese viejo bocón, se metió en problemas otra vez. Él debió quedarse en el bote. Porque salió se hundió". Pero la lección no es de quedarse en el bote, sino de caminar sobre las aguas por fe. Pedro caminó sobre las aguas, pero cuando quitó sus ojos de Jesús y los puso sobre la tormenta, cuando él miró el problema y no la promesa, empezó a hundirse. Sin embargo, al momento de llamar a Jesús de nuevo, él una vez más era un milagro andando. ¡Es hora de que usted deje de ser el pasajero del bote y comience a ser un caminante sobre las aguas! Deje de ver las señales de los gigantes. Deje de hablar de cuán grande es el problema. Deje de confesar que la tormenta, el viento y las olas son más grandes que el poder de Jesús. Es hora de que usted elimine la maldición y libere la bendición de las palabras que usted expresa.

Si Él lo hizo por Pedro, lo hará por usted. Si Él lo hizo por Josué y Caleb, lo hará por usted. Mire las maldiciones que acarrearon sobre sí mismos los diez espías. Recuerde que Dios dijo que Él les daría la Tierra Prometida, pero en todo el camino, cuando las cosas iban un poco mal, ellos dejaban de creer en el poder de Dios, en Sus promesas y confesaban: "Vamos a morir". Y Dios les contestaba por medio de las confesiones de sus lenguas:

> *Y Jehová habló a Moisés y a Aarón, diciendo: ¿Hasta cuando oiré esta depravada multitud que murmura contra mí, las querellas de los hijos de Israel, **que de mí se quejan**? Diles: Vivo yo, dice Jehová, **que según habéis hablado a mis oídos**, así **haré yo con vosotros**.* (Números 14:26–28, el énfasis fue añadido)

La *Nueva Versión Internacional* dice: *"Juro por mí mismo"*. Esta es la palabra que Dios habló a mi espíritu que verdaderamente cambió mi vida, y quiero liberar este poder en su vida ahora mismo. Examine esto cuidadosamente: *"Juro por mí mismo... que tal como habéis hablado a mis oídos, así haré yo con vosotros"* (NVI). No hay declaración más verdadera en todo el mundo que la de *Dios vive*. Él es el Alfa y Omega, el principio y el fin. Él siempre ha sido y siempre será. Quiero que usted comprenda la importancia de lo que Dios nos está enseñando aquí: Tan cierto como que Yo vivo, es tan cierto que lo que ustedes han hablado, lo obtendrán".

• Yo les prometí que los liberaría de Egipto, lo hice.

• Yo les prometí que destruiría a sus enemigos, lo hice.

- Yo les prometí que les daría agua, lo hice.
- Yo les prometí que les daría alimento, lo hice.
- Yo les prometí que los llevaría a la Tierra Prometida, lo hice.

"Pero cada que se enfrentaban a un problema, ustedes murmuraban y hacían confesiones en contra de Mí, Mi promesa y Mi Palabra. Ahora, conforme a vuestra fe, de acuerdo a la vida y la muerte en el poder de sus lenguas, así les sea hecho. Tan cierto como vivo Yo, cualquier cosa que hayan dicho, Yo lo he oído. Así sea".

De esta manera es que liberamos las maldiciones que bloquean las bendiciones en nuestras vidas.

> *Yo les prometí que los llevaría a la Tierra Prometida. Lo hice.*

Diez espías vinieron y dijeron: "Vamos a morir". Dios dijo: "Así sea". Dos espías—Josué y Caleb—dijeron: "Podemos tomar la tierra". Dios dijo: "Así sea". Me gusta el hecho de que Dios no hace acepción de personas. Cuando Él dio la promesa a los israelitas de llevarlos a esa tierra que fluye leche y miel, Él no les susurró al oído a los ángeles: "Ciertamente sólo quiero que Josué y Caleb, entren". No, fue para todos ellos, pero lo que ellos expresaron los dejó fuera de la promesa de Dios. Para Josué y Caleb, sus lenguas y su fe, trajeron vida para ellos y para sus familias. Sus lenguas liberaron una bendición. Desafortunadamente, aunque los otros diez espías tenían la misma promesa que Josué y Caleb, la fe de ellos y sus lenguas literalmente les trajeron muerte. Recuerde que hay vida y muerte—no sólo vida—en el poder de nuestras lenguas.

Es hora de traer bendición a su vida, su familia y su futuro.

Del fruto de su boca el hombre comerá el bien; más el alma de los prevaricadores hallará el mal. El que guarda su boca guarda su alma; más el que mucho abre sus labios tendrá calamidad.

(Proverbios 13:2–3)

¿No es tiempo de que comience a comer del buen fruto? Gozo, paz, salud y prosperidad. Ahora podemos entender por qué Dios nos dice que guardemos nuestras bocas. He notado que las personas son simples criaturas de hábitos. Desafortunadamente, la mayoría de las personas—incluso los hijos de Dios—han caído en el hábito de ser negativos y no en el hábito de ser positivos.

Venciendo el hábito de la negatividad

Hace como ocho años, Dios habló a mi espíritu mientras me encontraba en Israel, y me dijo que me iba a mostrar cómo orar y entender Su palabra de una manera nueva para mí. Leerla como un Jesús judío la enseñaría. Leerla como si ella provino de Jerusalén y no de Atenas. Yo empecé a estudiar las enseñanzas con un erudito judío, y descubrí que hay volúmenes escritos acerca del poder de la lengua y su fuerza creativa. *"Oíd, y entended; no lo que entra en la boca contamina al hombre; más lo que sale de la boca, esto contamina al hombre"* (Mateo 15:10–11, el énfasis fue añadido). Debemos *aprender* a romper el hábito de hablar negativamente, lo cual crea maldiciones en nuestras vidas y en nuestras familias.

Los rabinos enseñan que Dios nos ha dado una tremenda herramienta para usarla cada sábat [día de reposo]. Se nos prohíbe hablar de cosas negativas. Usted no puede hablar de facturas; usted solamente puede hablar de Jehová Yiré, su Proveedor. Usted no puede hablar de las pérdidas; usted sólo puede hablar de Jehová Shama, el Señor de la restauración. Usted no puede hablar de ninguno de sus problemas; usted sólo puede hablar de Jehová Nisi, el Señor es su bandera [o estandarte], su victoria y su protector. Dios está tratando de que rompamos el hábito de ser negativos y entremos en el hábito de hablar positivamente.

Mi esposa Tiz y yo vivimos de este modo. ¡Cada día! No solamente es una doctrina para nosotros; es una manera de vivir. Mire lo que Dios dice en Apocalipsis 12:10–11:

> *Entonces oí una gran voz en el cielo, que decía: Ahora ha venido la salvación, el poder, y el reino de nuestro Dios, y la autoridad de su Cristo; porque ha sido lanzado fuera el acusador de nuestros hermanos, el que los acusaba delante de nuestro Dios día y noche. Y ellos han vencido por medio de la sangre del Cordero y de la palabra del testimonio de ellos, y menospreciaron sus vidas hasta la muerte.*

La forma de vencer al enemigo es por medio de los siete lugares en los que Jesús vertió Su sangre[1], pero es también por la palabra de su testimonio. Su Padre celestial no es el "gran yo fui". Ni el "gran yo seré", sino que Él es el "Gran Yo Soy". Necesitamos recordar que Dios habita en la alabanza de Su pueblo. El enemigo habita en las quejas del pueblo de Dios. El enemigo está esperando robar o bloquear la bendición suya, pero usted puede derrotarlo por medio de las palabras de su testimonio.

Muchos de ustedes se han maldecido a sí mismos, sus matrimonios, sus hijos o sus finanzas debido a las palabras que ustedes han expresado. No quisieron hacer eso. Ustedes no conocían nada mejor. Quisiera decirlo de esta manera: Si usted está expresándolo, usted está orándolo. Deje de orar para mala suerte. Usted no es alguien destinado a tener "mala suerte". No hay tal cosa como la mala suerte para los hijos de Dios. Sencillamente, en este mundo hay bendiciones y maldiciones, vida y muerte. Detengámonos, usted y yo, ahora y anulemos cada palabra negativa que alguna vez hayamos dicho.

Quiero que empiece a profetizar las bendiciones de Dios sobre usted mismo y su familia, y, deje de profetizar maldiciones. Conforme a las palabras que nosotros hablamos [así nos será hecho]. Comience a confesar las promesas de Dios. Deje de mirar a los gigantes. Deje de mirar al viento, la tormenta y las olas. Deje de hablar de problemas y comience a confesar las promesas. Profetícese a usted mismo, sus finanzas, su familia y su futuro cada cosa que Jesucristo ha pagado con Su sangre.

> *Profetícese a usted mismo las cosas por las que Jesús ha pagado con Su sangre.*

Ore conmigo:

Padre, ahora vengo ante Ti, en el nombre de Jesús y declaro que toda maldición que haya venido sobre mí, mi familia y mis finanzas, de la manera que haya venido, por las palabras que yo he expresado, se rompan y reviertan en el nombre de Jesús desde este momento en adelante. Y, Padre, yo profetizo que mi familia y yo serviremos a Dios. Que la prosperidad es mía. La salvación es mía. La liberación es mía. La sanidad es mía. Reclamo esto y lo articulo a existencia, en el nombre de Jesús.

Ahora tome un momento para orar sobre áreas específicas que Dios le está revelando a usted, de su vida y familia. Su matrimonio, sus hijos, su salud, sus finanzas—cualquier área que Dios le haya revelado a su espíritu donde sus palabras hayan bloqueado la bendición de Dios.

Ahora clame de esta manera: ¡Hoy Dios ha eliminado la maldición y ha liberado la bendición!

Segundo paso para
eliminar la maldición y
liberar la bendición

No os engañéis; Dios no puede ser burlado: pues todo lo que el hombre sembrare, eso también segará.
—Gálatas 6:7

Capítulo 2

Loshon hora

La maldición de proferir maldad

*C*uando por primera vez pensé en escribir este libro, mi intención era incluir esta enseñanza en el capítulo uno: "El poder creativo de la lengua". Pero cuanto más preparaba esta parte del libro, más me daba cuenta que esto necesitaba ser escrito como un capítulo aparte.

Pienso que es difícil para la mayoría de personas, especialmente para los americanos, apreciar en su totalidad la profundidad de lo que Dios nos dice al declarar: *"La muerte y la vida están en el poder de la lengua"* (Proverbios 18:21). Con frecuencia, cuando leemos o escuchamos eso solamente lo pasamos por alto como si fuera alguna clase de antigua superstición acuñada por personas ignorantes. Personas que no conocían algo mejor, un tiempo y lugar en donde había una carencia de educación o de sabiduría. Una falta del conocimiento que hemos ganado con la ciencia, la investigación y con el simple sentido común. Pero esto no solamente es un cliché o un refrán gracioso. Cuando se nos dice: "cuidemos de nuestra boca" (Véase Miqueas 7:5), esta instrucción viene de Dios mismo. Proverbios 13:2–3 dice: *"Del fruto de su boca el hombre comerá el bien; más el alma de los prevaricadores hallará el mal. El que guarda **su boca** guarda **su alma**; más el que mucho abre sus labios tendrá calamidad"* (el énfasis fue añadido). Esta es una manera de entender el mundo espiritual del que apenas empezamos a vislumbrar. Miremos lo que nos dice Dios en Proverbios 21:23: *"El que guarda su boca y su lengua, su alma guarda de angustia"*. Una y otra vez Dios nos enseña a cuidarnos de las palabras que decimos.

Puedo recordar cuando por primera vez comencé a enseñar sobre el rompimiento de maldiciones familiares o generacionales. Al principio hubo un poco de escepticismo en Estados Unidos de América, pero la respuesta que yo obtuve de otros países fue arrolladora. En los Estados Unidos de América, nosotros algunas veces somos ingenuos en relación a las cosas espirituales. Algunas veces pienso que somos lentos en aceptar lo que no podemos ver, tocar, oír u oler. Pero es hasta ahora que caemos en cuenta que Jesús no solamente murió para perdonar nuestros pecados, sino que ¡Él murió en la cruz para romper toda maldición! *"Cristo nos redimió de la maldición de la ley, hecho por nosotros maldición (porque está escrito: "Maldito todo el que es colgado en un madero)"* (Gálatas 3:13).

No hace mucho tiempo, las personas todavía no entendían el concepto de maldición familiar, aunque hay un adagio bien conocido: "De tal padre, tal hijo". Actualmente, mi libro *Libre al Fin* ha llegado a convertirse casi en un libro de texto en muchas iglesias y grupos celulares en todo los Estados Unidos de América y el mundo. Cada tres o cuatro meses aquí en nuestra iglesia en Dallas, Texas, durante una semana, enseño sobre cómo eliminar las maldiciones y liberar la bendición. Vemos a personas de todo el mundo que vienen a nosotros. Las vidas están siendo cambiadas instantáneamente. Milagros y triunfos suceden a esas personas que por años han estado buscándolos. Milagros de sanidades, milagros en las finanzas, milagros en las familias y en cada área de la vida. ¿Por qué sucede esto? Sencillo. Estos milagros siempre han estado allí. Desde que Jesús derramó Su sangre y murió en la cruz, y usted Lo recibió como su Señor y Salvador, el milagro que usted ha estado esperando más bien lo está esperando a usted. Sé que esto suena como algo que usted ha oído repetidas veces, pero es la realidad. El único problema es que aunque el milagro para cada área de su vida ya ha sido pagado totalmente por Jesús, la mayoría de las veces nosotros le estamos permitiendo a un espíritu o a una maldición *bloquear la bendición*. En realidad, su bendición está a unos cuantos pasos de revelarse. Cuando estoy enseñando mis clases o seminarios acerca de eliminar la maldición y liberar la bendición, enseño que una vez que rompemos la maldición, necesitamos estar seguros de no traer la maldición de regreso a nuestras vidas.

Ahora usted necesita poner mucha atención a lo que voy a decir. Por medio de entender lo que Jesús hizo por nosotros, cada maldición que esté bloqueando la bendición de Dios puede ser eliminada. Jesús no sólo murió por nuestros pecados. Al igual que lo dije antes, lo quiero decir de nuevo. Si todo lo que Jesús hizo fue morir por nosotros, para que nuestros pecados fueran perdonados, no podríamos alabarle lo suficiente ni adorarle lo suficiente. Pero eso no es todo lo que Él hizo. Si todo lo que obtuvimos de la muerte y resurrección de Jesús fue el perdón de nuestros pecados, entonces Él podía haber muerto cuando ellos querían lanzarlo desde el risco. Él podía haber muerto cuando lo ataron al madero de los azotes. Pero Él no lo hizo. Jesús sabía que para hacer completa nuestra salvación, Él tenía que llegar a la cruz. Él tenía que derramar Su sangre en aquellas siete veces y lugares diferentes. Él tenía que caminar por la Vía Dolorosa, la vía del sufrimiento. Jesús, pues, no solamente perdonó nuestros pecados, sino que tomó la maldición de nuestros pecados sobre Sí mismo en la cruz del Calvario.

Cada año llevo un grupo conmigo a Israel para enseñarles acerca de Jesús y de nuestras raíces judías. Parte del viaje conlleva trazar las "pisadas de Jesús" en Su viaje al Calvario. En nuestro viaje nos detenemos en cada lugar que Jesús derramó Su sangre, donde yo enseño y oramos. Primero en el Huerto de Getsemaní, donde Él derramó gotas de sangre. Después vino la corona de espinas para romper la maldición de la pobreza, y, el madero de los azotes, donde por Sus llagas fuimos nosotros sanados. Seguimos hacia el Calvario, donde Jesús derramó la sangre de Sus manos, pies y costado, y, finalmente hacia el sepulcro. En cada lugar que paramos hay un increíble derramamiento del poder y amor de Dios. Comúnmente, justo en el sitio, vemos el milagro de Dios demostrado en las vidas de las personas.

> *Jesús no solamente murió por nuestros pecados. Él murió en la cruz.*

Recuerde lo que Jehová enseñó en Oseas: *"Pues por falta de conocimiento mi pueblo ha sido destruido"* (Oseas 4:6, NVI). La cosa más grande que puede destruirnos o bloquear la bendición es nuestra falta de conocimiento. Jesús dijo en Juan 8:32: *"Y conoceréis la verdad, y la verdad os hará libres"*. Muchas veces oímos este pasaje citado fuera de contexto. Oímos a la gente decir: *"La verdad le hará libre"*. Puedo respetuosamente decirle que eso no es lo que Jesús estaba diciendo. Él no dijo que la verdad lo hará libre a usted; Él dijo la ¡verdad que usted *conoce* lo hará libre! Solamente la verdad que conocemos o la verdad que entendemos es la que nos hará libres.

Cuando comprendí que Jesús había roto la maldición de mi vida, fui libre de las drogas, el enojo y la pobreza. Yo ya era cristiano; Jesús ya había pagado el precio por mi libertad, mi triunfo. La verdad ya estaba allí, pero no fui libre sino hasta que conocí o entendí esa verdad. Recuerde una vez más las palabras que el Señor nos dio en Oseas: *"Mi pueblo"*—no todo el mundo, no aquellos que no conocen a Dios, sino todos aquellos que aman a Dios, que son "nacidos de nuevo", que están sirviendo al Dios de Abraham, Isaac y Jacob. *"Mi pueblo fue destruido"*. ¿Cómo? ¿Cómo puede el enemigo seguir derrotándonos? ¿Cómo puede él venir contra la sangre de Jesús? ¿Cómo puede él pelear contra todas las promesas de Dios? ¡Por medio de la *falta de conocimiento!*

Yo sé que me tomé mucho tiempo en este capítulo para llegar a este punto, pero quiero que usted comprenda que, en primer lugar, la maldición puede ser—y *será*—rota en cada área de su vida. Pero el siguiente paso es asegurar que usted no abra de nuevo la puerta y haga cosas peores de lo que fueron antes.

> *Cuando el espíritu inmundo sale del hombre, anda por lugares secos, buscando reposo, y no hallándolo, dice: Volveré a mi casa de donde salí. Y cuando llega, la halla barrida y ordenada. Entonces va, y toma otros siete espíritus peores que él; y entrados, moran allí; y el postrer estado de aquel hombre viene a ser peor que el primero.* (Lucas 11:24–26)

Esto es difícil de entender para nosotros a menos que vayamos a nuestras raíces judías de la Biblia. Allí podemos entender esta tremenda revelación que Jesús, nuestro Mesías judío, nuestro Rabí o Maestro judío, nos está dando. Lo que Jesús estaba diciendo en Lucas era algo que el pueblo podía entender completamente. Recuerde que en ninguno de los evangelios, en la época de Jesús, Él les estaba hablando a los gentiles. Él les estaba hablando a los otros judíos. Ellos entendieron la manera en que Dios perdonaba pecados y rompía maldiciones que bloquean las promesas del pacto de Dios. De lo que Jesús estaba hablando se remonta hasta Levítico.

Tomará luego de la sangre del becerro, y la rociará con su dedo hacia el propiciatorio al lado oriental; hacia el propiciatorio esparcirá con su dedo siete veces de aquella sangre. Después degollará el macho cabrío en expiación por el pecado del pueblo, y llevará la sangre detrás del velo adentro, y hará de la sangre como hizo con la sangre del becerro, y la esparcirá sobre el propiciatorio y delante del propiciatorio. Así purificará el santuario, a causa de las impurezas de los hijos de Israel, de sus rebeliones y de todos sus pecados; de la misma manera hará también al tabernáculo de reunión, el cual reside entre ellos en medio de sus impurezas... Y esparcirá sobre él de la sangre con su dedo siete veces, y lo limpiará, y lo santificará de las inmundicias de los hijos de Israel. Cuando hubiere acabado de expiar el santuario y el tabernáculo de reunión y el altar, hará traer el macho cabrío vivo; y pondrá Aarón sus dos manos sobre la cabeza del macho cabrío vivo, y confesará sobre él todas las iniquidades de los hijos de Israel, todas sus rebeliones y todos sus pecados, poniéndolos así sobre la cabeza del macho cabrío, y lo enviará al desierto por mano

*de un hombre destinado para esto. Y aquel macho
cabrío llevará sobre sí todas las iniquidades de ellos
a tierra inhabitada; y dejará ir el macho cabrío por
el desierto.*   (Levítico 16:14–16; 19–22)

En la época del pueblo de Dios en Levítico, Aarón era el
sumo sacerdote. El altar de Dios estaba hecho de piedra. En el
tiempo señalado para que un sacrificio fuera hecho, se traían
al templo dos machos cabríos o corderos. Quiero que note que
no era un sólo sacrificio, sino dos. Uno era seleccionado para
morir, para lavar los pecados del pueblo. La sangre de este
macho cabrío o cordero era rociada en el propiciatorio siete
veces. Aarón luego imponía manos sobre el segundo macho
cabrío, o "chivo expiatorio", a la puerta del tabernáculo.
Cuando imponía manos sobre el chivo expiatorio, él confesaba
las iniquidades y las maldiciones de Israel sobre el animal, y
enviaba el macho cabrío a los lugares secos del desierto. Si ese
"chivo expiatorio" moría en el desierto, entonces las maldiciones eran rotas y las bendiciones de la sangre rociada siete
veces en el propiciatorio eran liberadas.

No sólo fueron perdonados todos los pecados, sino que el
poder de Dios y Sus bendiciones fueron también descargados
sobre Su pueblo. Sus cosechas crecerían. La lluvia vendría
y los insectos que podían destruir sus campos no vendrían.
Sus enemigos serían derrotados. La salud y la sanidad esta-
rían en la tierra. La vida sería buena; sería agradable, llena
de gozo y bendición. Sin embargo, si ese "chivo expiatorio", el
que llevaba las maldiciones sobre él, no moría, si de alguna
manera regresaba al tabernáculo—a un animal siempre se
le entrena para regresar al lugar donde se le alimentó, se le
dio agua y se le cuidó—entonces traería de vuelta las maldiciones con él. Aunque los pecados ya habían sido lavados.

Aunque la sangre ya había sido esparcida siete veces. Las maldiciones que regresaban *bloquearían la bendición*.

Así que, ahora podemos entender mejor lo que Jesús estaba tratando de enseñarnos. Nosotros somos "nacidos de nuevo", la casa está limpia, y hemos echado fuera los demonios. Hemos atado la pobreza, enfermedad, deuda, ira, adicciones, divorcio, fracasos o cualquier otra cosa que el enemigo esté usando para bloquear y destruir las bendiciones por las que murió nuestro Cordero. Lo hemos echado fuera y lo hemos rechazado y, al parecer, se ha ido—por el momento. Por un período de tiempo todo está bien. Parece que finalmente obtuvimos la victoria. Luego, de repente, está de regreso. ¿Qué sucedió? ¿Dónde estuvo el error? ¿No son verdaderas las promesas de Dios? ¿Es más fuerte el enemigo que la sangre de Jesús? Obviamente no. Lo que ha pasado es que, cuando el enemigo regresó, encontró la casa limpia, pero la puerta permanecía abierta. Permítame animarle justo aquí—¡es muy fácil encontrar qué puerta quedó abierta y cerrarla de una vez y para siempre!

> *¡Es fácil encontrar la puerta que quedó abierta y cerrarla de una vez y para siempre!*

A mí me gusta esta ilustración: Piense en el sistema de alarma que muchas personas tienen en sus hogares. Ellas tienen que ser activadas para que sean efectivas. Yo oí una historia de una familia en cuya casa entraron a robar y cuando ellos llegaron a la casa todo había desaparecido. La parte triste es que no tenía por qué haber sucedido. Ellos al momento tenían un buen sistema de alarma que les hubiera evitado que alguien viniera a "robar, matar y destruir", pero ellos nunca lo habían usado porque les parecía muy complicado. Un pequeño esfuerzo lleva a protegernos por largo tiempo.

Cuando usted va a activar un sistema de alarma, si una de las puertas o ventanas no están cerradas, el sistema le dice exactamente a usted donde está el problema. Usted no tiene que andar dando vueltas por toda la casa adivinando. Usted puede ir directamente donde está el problema, cerrar lo que está abierto, activar la alarma y mantener alejado al ladrón. Usted y yo, ahora mismo, cerremos otra puerta espiritual que esté abierta.

Como ya lo he dicho, una de las principales razones para que la puerta se mantenga abierta es que no entendemos la sangre de Jesús. ¿Recuerda cuando Dios envió a Moisés a libertar a Israel de la esclavitud y la atadura de Egipto bajo el faraón? Dios instruyó a Moisés y a Aarón que les dijeran a los hijos de Israel que por cada casa tomaran un cordero como sacrificio.

Habló Jehová a Moisés y a Aarón en la tierra de Egipto, diciendo: Este mes os será principio de los meses; para vosotros será éste el primero en los meses del año. Hablad a toda la congregación de Israel, diciendo: En el diez de este mes tómese cada uno un cordero según las familias de los padres, un cordero por familia. (Éxodo 12:1–3)

Luego ellos fueron instruidos para colocar la sangre del cordero en la puerta de cada hogar. Y la sangre os será por señal en las casas donde vosotros estéis; y veré la sangre y pasaré de vosotros, y no habrá en vosotros plaga de mortandad cuando hiera la tierra de Egipto. (Éxodo 12:13)

Dios les dijo: "Cuando vea la sangre, será una señal y pasaré de largo". Mientras escribo esto, vamos a entrar a la semana de la Pascua. La palabra para Pascua es *Pésakj*, y literalmente quiere decir: "pasar por alto". Además, tiene otro significado, el cual pienso es el mejor, es "estar firme y proteger". Así que, Dios nos dice a todos nosotros: "Cuando yo vea la sangre de su Cordero de Pascua, la sangre de Jesús, me pararé frente a la puerta de tu familia, la puerta de tu vida y los protegeré del ángel de la muerte. Yo detendré al ángel que trae la muerte a tu matrimonio. Yo te protegeré del que trae la muerte a tus finanzas. Le prohibiré que se acerque al que trae la enfermedad a tu cuerpo. Yo me levantaré y protegeré a tus hijos del que quiere destruirlos con drogas y pecado".

Una vez más, permítanme citar a Oseas 4:6: *"Pues por falta de conocimiento mi pueblo ha sido destruido"* (Oseas 4:6, NVI). Si nosotros no conocemos los siete lugares donde Jesús derrotó al enemigo por medio de Su sangre—si nosotros no hemos sido enseñados acerca de los siete lugares donde Jesús nos redimió y nos reconectó al poder y al pacto de las promesas de Dios—nos tendremos que mantener atando al demonio y echándolo fuera al desierto. Pero cuando él regresa llamando a nuestra puerta—cuando la deuda llama, o la ira, o la enfermedad, o la adicción, el fracaso, o cualquier otra cosa que el destructor quiera traer de regreso a usted—si él no ve la sangre, y si la puerta está abierta, él entra de nuevo. Pero si él ve que usted no sólo ha sido perdonado y nacido de nuevo, sino que también ha aplicado la sangre de Jesús en todos los siete lugares, en su vida y familia, finalmente la maldición se rompe y la bendición es liberada.

Loshon hora

En el capítulo 1 hablé del poder de nuestra lengua. Ya hemos aplicado la sangre en su puerta abierta número uno—las palabras negativas. Hemos roto la maldición de las palabras negativas que fueron dichas. Ahora echemos una mirada a la puerta abierta número dos: *Loshon hora,* que significa "mala lengua" o "hablar maldad" [o sea, difamar o calumniar].

Muchas personas, incluyendo muchos cristianos, se maldicen ellos mismos cada día por medio de las palabras que hablan de sí mismos. "Nunca lo lograré". "Nunca avanzaré". "Me despidieron, por lo que probablemente perderemos nuestra casa". Palabras negativas producen resultados negativos. Muchas personas se preguntan: ¿Cómo pueden realmente haber vida y muerte en el poder de mi lengua? Proverbios 18:21 dice: *"La muerte y la vida están en el poder de la lengua, y el que la ama comerá de sus frutos".* Talvez usted es un escéptico todavía. Podría estar pensando: *Son sólo palabras. Ellas no significan nada, ¿lo hacen ellas?*

Vea lo que dice Génesis 1:26:

Entonces dijo Dios: Hagamos al hombre a nuestra imagen, conforme a nuestra semejanza; y señoree en los peces del mar, en las aves de los cielos, en las bestias, en toda la tierra, y en todo animal que se arrastra sobre la tierra.

¿Qué significa eso que se dice de que usted y yo somos hechos a la misma imagen de Dios? Esto no significa que nosotros nos parezcamos a Dios físicamente. Después de todo, eso no tendría sentido alguno. Algunos de nosotros somos hombres; otras son mujeres. Algunos de piel clara; otros de piel oscura. Algunos son altos; otros son bajos. Así que, ¿qué significa lo que Dios dijo acerca de que somos hechos a Su imagen? Dios es bueno, bondadoso, misericordioso, paciente, perdonador y generoso. Y así, como hijos Suyos, que tenemos que imitar y representarlo a Él y Su reino, tenemos que ser lo mismo que Él. Pero otro atributo principal de Dios que yo quiero que note es que Él es creativo. Todo Génesis 1 habla de la creación de Dios del mundo y de la humanidad. Él creó todo lo que era bueno. Todo lo que nuestro Padre celestial creó, lo creó con Sus palabras. En Génesis 1:3, Él dijo: "Sea la luz" y ¡hubo luz! En los versículos 6, 9, 11, 14, etc., Él continuó hablando creación, convirtiendo las palabras a existencia.

Somos hechos a imagen de Dios, con la habilidad de crear—o de destruir.

Dios dijo, ¡y fue así! Ahora examinemos el hecho de que nosotros somos creados a la imagen de Dios. Tenemos el poder de crear—y, desafortunadamente, de destruir—con nuestras lenguas. Como me gustaría que nosotros solamente pudiéramos crear luz, pero somos seres de libre voluntad, por ende, también podemos crear tinieblas. Por eso es que es tan importante que nosotros entendamos y cerremos esta segunda puerta para que el enemigo no pueda regresar y destruir nuestra bendición.

Así como Dios me habló de las diez maldiciones que bloquean la bendición, esta fue la primera cosa que el Espíritu de Dios me dio. Pero para ser enteramente honesto, no tenía idea de la revelación que yo iba a recibir. *Loshon hora* puede que no tenga mucho sentido para nosotros porque no estamos acostumbrados a la terminología hebrea. Esta no es solamente una de las cosas que Dios más odia, sino que también es una de las maneras más comunes por las que una persona hace que una maldición venga a su vida y bloquee la bendición. Permítame decirle esto de nuevo, para enfatizar. Esta es probablemente la manera número uno por la que una maldición tiene acceso a nuestras vidas, y es la manera número uno por las que nuestras bendiciones son bloqueadas. Usted puede estar diciéndose a sí mismo: "¿Cómo puede ser eso? Yo jamás he oído de *loshon hora*, o "hablar maldad". Si nunca hemos oído de estas cosas ¿puede ser posible que ellas realmente estén trayendo maldición sobre nosotros, que estén bloqueando y reteniendo la bendición? ¿Podríamos realmente estar liberando algo negativo, algo destructivo sobre nuestras vidas? Aunque la mayoría de nosotros jamás hemos oído de la maldición llamada *loshon hora*, la reconoceremos como se traduce al español: la maldición del chisme y la calumnia.

No les puedo decir cuantas veces vienen personas a mí pidiendo oración para romper la maldición de sus vidas porque ellos hicieron algo una o dos veces, algunas veces hace muchos años. Pienso que es magnífico. La gente se da cuenta que no tienen mala suerte. Que Dios no está contra ellos, pero que en algún momento a lo largo del camino, les vino una maldición que está bloqueando la bendición. Proverbios 26:2 dice: *"Como el gorrión en su vagar, y como la golondrina en su vuelo, así la maldición nunca vendrá sin causa".* Estoy viendo cómo tantas personas finalmente quedan libres y experimentan la bendición de Dios en sus vidas incluso años después de que ellos le abrieran la puerta al enemigo. No obstante, muchos hijos de Dios están abriendo esa puerta cada día. El chisme y la murmuración son una parte de sus vidas. Es tan común como hacer café por la mañana, y ellos no tienen idea de que "lo que ellos sembraron, ellos segarán" (Véase Gálatas 6:7).

Echemos una mirada a algunas de las cosas que Dios dice acerca de cómo usamos nuestras lenguas contra otra persona. Romanos 1:29–32, dice:

> *Estando atestados de toda injusticia, fornicación, perversidad, avaricia, maldad; llenos de envidia, homicidios, contiendas, engaños y malignidades; murmuradores, detractores, aborrecedores de Dios, injuriosos, soberbios, altivos, inventores de males, desobedientes a los padres, necios, desleales, sin afecto natural, implacables, sin misericordia; quienes habiendo entendido el juicio de Dios, que los que practican tales cosas son dignos de muerte, no sólo las hacen, sino que también se complacen con los que las practican.*

Cuando leo este pasaje, leo cosas como injusticias, inmoralidad sexual, codicia, asesinato y violencia, y pienso: "¡Así es, Dios, dales!" Particularmente me gustaba utilizar con mis hijos la parte de *"desobedientes a los padres"*. Pero me saltaba las de cuchicheando, murmurando, desacreditando o calumniando. ¿Cómo pudo Dios poner tales pequeñeces e insignificancias como el chismear, calumniar o desacreditar junto a cosas grandes como la impiedad o el asesinato? Y luego para hacerlas peor, Él no sólo menciona a aquellas personas que las cometen, sino a aquellas que también aprueban lo que los otros hacen.

Usted es salvo, pero, ¿todavía lleva y trae chismes?

Cuando se trata del chisme, me gusta contarles una pequeña historia a las personas. Al principio que fui salvado, todos mis amigos que aun continuaban haciendo uso de las drogas me llamaban para ver si yo tenía alguna droga para venderles o si yo quería comprar algo. Eso continuó por un par de meses, pero después de un tiempo la voz se corrió que yo ya no estaba más en el negocio de comprar o vender. Era entendible que por un par de meses que la gente me llamara, pero ahora he sido un cristiano por casi treinta años. ¿No le parecería extraño que después de todo este tiempo, aquellas personas me estuvieran llamando todavía? Yo miro el chisme de la misma manera. Si las personas todavía lo llaman a usted con chismes o detracciones, ¡quizás sea porque usted todavía está comprándoles o vendiéndoles! Esta es una de las puertas más grandes para que la maldición entre en su vida.

Miremos un poco más las Escrituras y veamos que más nos tiene que decir el Señor.

En la segunda carta de Pablo a los corintios, él les menciona una preocupación que tenía de que la iglesia no se estaba conduciendo como debería el cuerpo de Cristo.

> *Pues me temo que cuando llegue, no os halle tales como quiero, y yo sea hallado de vosotros cual no queréis; que haya entre vosotros contiendas, envidias, iras, divisiones, maledicencias, murmuraciones, soberbias, desórdenes...* (2ᵈᵃ Corintios 12:20)

Él tenía temor de encontrar a la iglesia llena de pleitos, celos, ambiciones carnales, detracciones y chismes—o *loshon hora.*

La historia se repite una vez más. Yo creo que Dios quería romper esta maldición en la Iglesia Primitiva, y ahora Su deseo es romperla una vez más en la última iglesia. Parece que este problema ha existido por tanto tiempo como el hombre.

> *Jehová, ¿quién habitará en tu tabernáculo? ¿Quien morará en tu monte santo? El que anda en integridad y hace justicia, y habla verdad en su corazón. El que no calumnia con su lengua, ni hace mal a su prójimo, ni admite reproche alguno contra su vecino.*
>
> (Salmos 15:1–3)

Que gran pregunta la que hizo David—"Padre, ¿quién vivirá en Tu presencia?" Uno de los requisitos que no podemos ignorar es: *"El que no calumnia con su lengua"*. Pienso que para entender plenamente la seriedad espiritual de lo que la Biblia nos está enseñando acerca del espíritu de *loshon hora*, necesitamos regresar a las raíces judías y encontrar lo que esto significó para aquellos a quienes Dios les dio primero Su Palabra: Abraham, Moisés, Jesús y a nuestros hermanos judíos. Cuando leemos una línea en la Biblia concerniente al chisme y la murmuración, podemos leerla y pasarla por alto en pocos momentos. Pero cuando empezamos a estudiar la vasta y profunda enseñanza de la materia como los eruditos judíos, encontramos no solamente unas pocas líneas aisladas, sino literalmente volúmenes y volúmenes que han sido escritos acerca de la maldición de *loshon hora*. Los rabinos enseñan que se nos está prohibido chismear y murmurar. Pero no sólo se nos prohíbe hablarlo o extenderlo, también se nos prohíbe escucharlo.

Puede que el chisme no mate físicamente a nadie, pero aun así es asesinato.

En muchas enseñanzas que he leído acerca del chisme y la murmuración desde tiempos de Moisés hasta Jesús y desde Jesús hasta ahora, el chisme es uno de los peores pecados imaginables. Los rabinos enseñan que es casi igual al asesinato. Nos podemos preguntar cómo puede ser esto. Yo puedo estar chismeando, pero estoy seguro que no estoy asesinando a nadie. En verdad, sus palabras no pueden matar físicamente a alguien, pero son un asesino silencioso. La razón por la que nosotros chismeamos o murmuramos contra alguien es porque queremos lastimarlo. Estamos tratando de asesinar su reputación—también se hace referencia a esto como a asesinato del carácter. Un rabí dijo: "Una vida, una reputación, un buen nombre, una oportunidad o un futuro, pueden ser destruidos por medio de una simple lengua". Ahora podemos entender por qué Pablo puso el pecado del chisme y la murmuración en la misma categoría que el asesinato.

En un libro de sabiduría judía llamado *Guarda tu Lengua*, se dice esto:

> Murmuraciones: Si usted habla *loshon hora* a espaldas de alguien y no quiere que él descubra que usted fue el que lo calumnió, además de violar la prohibición en contra de hablar *loshon hora, usted también acarrea sobre usted mismo una maldición. "Maldito el que hiriere a su prójimo ocultamente".*
>
> (Dvorim [Deuteronomio] 27:24)

Obviamente, no estamos hablando de herir a alguien con la mano, sino con nuestra lengua. No podemos golpear físicamente a alguien sin que él se dé cuenta. Esto solamente puede suceder por medio del chisme. A medida que estudiamos la Palabra de Dios a través de las raíces judías, encontramos que se nos han dado treinta y un mandamientos concernientes a *loshon hora,* o el hablar maldad. No tenemos tiempo para hacer una lista de ellas, pero permítame que le de unas pocas:

1. No andarás chismeando entre tu pueblo.

"No andarás chismeando entre tu pueblo. No atentarás contra la vida de tu prójimo. Yo Jehová".
(Vayikra [Levítico] 19:16)

Esto es acerca de una maldición que viene sobre alguien que es chismoso habitual. Así como el buhonero va de casa en casa vendiendo mercancías, lo mismo sucede con el chismoso habitual que va de persona a persona levantando y llevando cuentos. Un rabino enseña que a través de la invención del teléfono la maldición llegó a ser una epidemia; ahora los chismes y las calumnias pueden viajar mucho más rápido sobre ilimitadas distancias.

2. No admitirás falso rumor.

"No admitirás falso rumor. No te concertarás con el impío para ser testigo falso".
(Shamos [Éxodo] 23:1)

Las enseñanzas nos prohíben hablar o escuchar chismes o calumnias. No importa si fueren verdaderos o falsos. Se nos ha enseñado que el *oidor* o *comprador* de cuentos tiene una *maldición más grande* que el que le está vendiendo o contando el cuento. La razón detrás de esta lógica es que si el buhonero o chismoso no tenía a quien contarle su chisme—si nadie está comprando—el chismoso tendría que detenerse.

3. En cuanto a la plaga de la lepra, ten cuidado.

"En cuanto a la plaga de la lepra, ten cuidado de observar diligentemente y hacer según todo lo que os enseñaren los sacerdotes levitas; según yo les he mandado, así cuidaréis de hacer".

(Dvorin [Deuteronomio] 24:8)

Puede que usted no vea dónde esto calza hasta que entendemos que los rabinos enseñan que la dolencia y la enfermedad pueden llegar a nosotros debido a que hemos chismeado o calumniado de alguien más. Cuando tratamos de lastimar a otros por medio del chisme, podemos dejar una puerta abierta para que esas maldiciones lleguen a nuestras vidas, algunas veces siete veces peores que antes.

Tantas veces vemos a personas pedir por una sanidad cuando ellos lo que realmente necesitan es que la maldición sea eliminada de sus vidas. En Juan 9:1–2, los discípulos le preguntaron al Señor por qué ese hombre era ciego. Ellos no Le preguntaron: "¿Por qué se enfermó?" En vez de eso, lo que ellos Le preguntaron fue por el efecto: "¿Por qué llegó esta maldición a él?" Ellos entendieron que él no necesitaba sanidad; lo que necesitaba era romper con la maldición que pesaba sobre él. Déjeme decirle muy claramente que éste no siempre es el caso, o comúnmente no es el caso. Pero nosotros necesitamos estar conscientes de la realidad de que podemos abrir la puerta para que la maldición entre en nuestras vidas cuando tratamos de lastimar a alguien con nuestras palabras. Tenemos dificultad en entender esto, pero la sabiduría de Dios enseña que si hablamos contra alguien, eso literalmente abre la puerta para que entre la enfermedad física. Si sacamos enfermedad espiritual con nuestras palabras, eso abre la puerta para que la enfermedad física entre en nuestras vidas.

Proverbios 26:2, dice: *"Como el gorrión en su vagar, y como la golondrina en su vuelo, así la maldición nunca vendrá sin causa"*. Recuerdo a una señora que vino a mí para que orara por ella. Todas las mujeres en su familia tenían cantidad de problemas de salud. Todas murieron prematuramente debido al problema, y todo estaba conectado a un serio problema de sobrepeso. Ella me dijo que había tratado todo lo que pudo para perder peso, pero que nada le había funcionado. Mientras yo oraba por ella, sentí que Dios me daba sabiduría con relación a ese problema que le estaba bloqueando la bendición. Le dije que yo percibía que las mujeres en su familia tenían una maldición sobre ellas que pasaba de generación a generación. El problema no era la dolencia y la obesidad, sino que era la maldición la causante de estas cosas.

> *Si usted habla en contra de alguien, eso abre una puerta para la enfermedad física.*

Proverbios 26:2 dice que una enfermedad no llega sin una causa. Un pájaro no vuela ciegamente para encontrar su nido, y por fortuna posarse en el árbol correcto. Algunas veces un pájaro volará miles de millas y terminará en el mismo nido y en el mismo árbol. Él no tiene una unidad de GPS, tampoco tiene un mapa, pero algo adentro lo dirige a ese lugar. Eso es exactamente lo que Dios está diciendo aquí. Una maldición no cae sobre nosotros por accidente. No es la mala suerte. Algo en nosotros, nuestro pasado o nuestra familia trajo esa maldición a posarse en nuestro nido espiritual.

Por medio del Espíritu de Dios, el Señor me mostró las mujeres en su familia que tenían un hábito de amargura y chisme. Ella admitió que esto no estaba solamente en su vida, sino en todas las mujeres de su familia. Cuando oramos, ella se arrepintió de este espíritu y clamó junto conmigo que la maldición que estaba en su cuerpo y en su familia fuera rota. Dentro de un corto período de tiempo, ella perdió ochenta libras de peso y lo último que oí fue ¡que el peso continuaba bajando y que su salud era magnífica!

Algunas veces necesitamos sanidad; otras veces sólo necesitamos detener nosotros mismos la maldición que viene por medio del chisme. Gálatas 6:7 dice: *"No os engañéis; Dios no puede ser burlado: pues todo lo que le hombre sembrare, eso también segará"*.

La advertencia de Dios para nosotros es que no nos engañemos. Cualquier cosa que sembremos, se multiplicará y regresará a nosotros. Si sembramos amor, se multiplicará en nuestras vidas. Es lo mismo con el dinero, la misericordia, la bondad, etc. Cualquier cosa que sembremos, crearemos esa misma cosa en nuestras propias vidas y en la de nuestras familias. Si hablamos para dañar las finanzas de alguien, la maldición cae sobre nuestras finanzas. Si hablamos mal de alguien en la iglesia, la maldición cae sobre nuestras iglesias. Si hablamos *loshon hora* de los hijos o matrimonio de alguien, eso siempre regresa y cae sobre nosotros. De una cosa estoy absolutamente seguro y es que Dios es un Dios de amor. Él tiene tanta paciencia y misericordia con nosotros, ¡es asombroso! De manera que tiene que haber algo seriamente erróneo para que haga enojar a Dios. Sin embargo, Dios dice:

Seis cosas aborrece Jehová, y aun siete abomina Su alma. Los ojos altivos, la lengua mentirosa, las manos derramadores de sangre inocente, el corazón que maquina pensamientos inicuos, los pies presurosos para correr al mal, el testigo falso que habla mentira, y el que siembra discordia entre hermanos.

(Proverbios 6:16–19)

Todo lo que Dios enumera aquí que Él odia tiene que ver con cómo nos tratamos mutuamente. Pero el séptimo, que para Él es lo mismo que la abominación de la idolatría, es una persona que siembra discordia entre los hermanos. Aclaremos esto. Dios dice: "Odio la persona que chismea, murmura y desacredita entre hermanos. Jesús dijo: *"En esto conocerán que sois mis discípulos, si tuviereis amor los unos con los otros"* (Juan 13:35).

A mí me gusta dar esta ilustración: Si estuviéramos en la iglesia y de repente alguien enciende un cigarrillo, ¡los hermanos se molestarían! y dirían, "¡Que atrevido!" "¡Que impío!" Eso nunca sería permitido. Sin embargo, cada domingo, en casi cada iglesia en el mundo, alguien está encendiendo un chisme y nadie dice nada en contra de eso. De hecho, ¡muchos de nosotros estamos dispuestos a escuchar! Obviamente, no estoy abogando por el fumador; solamente estoy tratando de trazar un punto. Pienso que quizás nosotros estamos "colando el mosquito y tragando el camello" (Véase Mateo 23:24). La Biblia nos enseña que no es lo que entra a la boca lo que nos contamina, sino lo que sale de la boca. *"No lo que entra en la boca contamina al hombre; más lo que sale de la boca, esto contamina al hombre"* (Mateo 15:11).

> *Si decimos ser cristianos, ¿por qué somos tan malvados los unos para con los otros?*

Los rabinos enseñan que quienquiera que estudie la Biblia tiene aun mucha más grande responsabilidad y obligación de guardarse de los chismes. ¿No nos enseñan nuestros pastores la misma cosa? *"Y al que sabe hacer lo bueno, y no lo hace, le es pecado"* (Santiago 4:17). En cierta ocasión, yo hablaba con un rabino en Israel quien me hizo una gran pregunta: "Si dicen ser cristianos, ¿por qué son tan malvados los unos para con los otros?"

Creo con todo mi corazón que muchos de ustedes de los que están leyendo esto ahora mismo, están sólo a unos pocos momentos de su milagro. Vamos a romper la maldición de *loshon hora*. Ahora mismo vamos a romper la maldición que está bloqueando la bendición en cada área de su vida. Prepárese para la prosperidad, la sanidad, ver a su familia salva, por cada milagro que usted ha estado esperando. Vamos a quitar la maldición y liberar la bendición.

Ore conmigo:

Padre: En el nombre de Jesús, vengo ante Ti ahora. Yo Te pido que me perdones del pecado de loshon hora, de chismes y calumnias. Me arrepiento. Ahora convengo con la sangre de Jesús que la maldición se rompa y se revierta en cada área de mi vida.

Ya hemos dado los dos primeros pasos. ¡Preparémonos ahora para el tercer paso, para eliminar la maldición y liberar la bendición!

Tercer paso para
eliminar la maldición y
liberar la bendición

*Maldito su furor, que fue fiero, y su ira, que fue
dura. Yo los apartaré en Jacob,
y los esparciré en Israel.*
—Génesis 49:7

*Es cierto que al necio
lo mata la ira, y al
codicioso lo consume la ira.*
—Job 5:2

*No te apresures en tu espíritu a enojarte;
porque el enojo reposa en el seno de los necios.*
—Eclesiastés 7:9

Capítulo 3

El alto costo del enojo

¿La ira ha maldecido su vida?

S i usted está leyendo este libro, hay una buena probabilidad de que ya conozca mi testimonio. Hace muchos años, Dios me dio un gran milagro de liberación. Antes de yo llegar a ser cristiano, mucho de mi vida giraba alrededor de las drogas. Yo compré drogas, vendí drogas y luego me convertí en un fuerte consumidor de drogas. Como lo expliqué en mi libro *Libre al Fin*, llegué a ser lo que siempre había temido desde que era un niño que crecía en el sur de St. Louis, Missouri. Tan tremendos que éramos de niños, una cosa que sí sabíamos debíamos hacer era mantenernos alejados de las drogas. Nosotros vimos de primera mano como ellas le arruinaban la vida a alguien, y, todos nosotros sabíamos decir: "Una vez drogadicto, siempre drogadicto". Han pasado casi treinta años desde que acepté a Jesús como mi Señor y Salvador, y, puedo aún recordar el día en que Él rompió esa maldición de la adicción a la droga en mi vida.

Yo había sido cristiano sólo por un par de meses a lo sumo. La noche que fui salvo fue una noche gloriosa para mí. Por varias semanas, un joven hispano de nombre Bill Trajillo me había estado hablando de Jesús. Puedo aún recordar la primera vez que me reuní con Bill. Yo me había cambiado del área de St. Louis hacia Flagstaff, Arizona. Yo sé sin lugar a duda, que lo que me trajo a Flagstaff, a esta cierta calle, en esta casa específica, fue el amor de Dios. Tan sólo unos pocos meses antes había estado viviendo en un rancho en la cumbre de las Montañas de los Andes, en Colombia, América del Sur. Cuando las personas me preguntaban que estaba haciendo yo allí, bromeando me gustaba decirles que estaba en el negocio de "importación/exportación de todo producto natural". En ese momento, yo era un distribuidor de drogas. Estaba involucrado en contrabandear drogas a los Estados Unidos. Mientras estaba allá, empecé a usar cocaína y después heroína.

Desde mi niñez, yo había sentido como que algo faltaba en mi vida. La mayoría de las personas no pueden relacionarse con esto, pero pareciera que cuanta más droga usaba, cuanto más podía escapar—al menos por un rato—de ese sentimiento dañino y vacío. A causa de esto, consumía más y más drogas cada día. Después empecé a usarlas varias veces al día hasta que llegué al punto de usar drogas todo el día. Antes de que pasara mucho tiempo ya había progresado a inyectarme. Estaba tratando de encontrar un arreglo temporal para mi problema permanente.

> *Lo que me trajo a Flagstaff, a esta casa, fue el amor de Dios.*

Había llegado al punto de que ninguna lógica o razonamiento podía alcanzarme. Todavía recordaba a un amigo allá en Colombia que me decía: "Larry, te vas a matar tú mismo. No estás comiendo. No estás durmiendo. Vas demasiado lejos. Es hora de retrocedas". Había llegado al punto de tener que inyectarme diez o doce veces al día. Antes de trasladarme a América del Sur, yo había jugado fútbol y otros deportes en la universidad y había pesado unas 210 libras. Ahora era un enfermizo con 135–140 libras de peso.

Un día, mientras estaba sentado en mi rancho, decidí por mí mismo que quería estar realmente elevado. Sé que esto suena una total locura, y lo era, pero pensé que si podía tomar suficiente droga, podría salir de los límites de este mundo y cuando lo lograra, quería encontrar a Dios y que Él me diera la paz y la felicidad que estaba buscando desesperadamente. Así que, decidí doblar la cantidad de cocaína que normalmente usaba. La puse en la aguja, la empujé en mi brazo y la inyecté directamente dentro de mi sistema. Lo que yo no me había dado cuenta es que no había acertado mi vena. No sentí el efecto que estaba buscando, por lo que supuse que necesitaba una dosis más fuerte. De manera que, doblé la cantidad de nuevo. Una vez más pensé que estaba poniendo la droga en el lugar correcto dentro de mi vena, pero me equivoqué de nuevo.

Aunque dos veces no había acertado en mi vena, la cocaína todavía estaba en mi sistema y era tan fuerte que yo no estaba pensando claramente. Dos o tres veces más doblé y doblé la dosis de cocaína pura. Estaba tratando de inyectarla en la vena que bombearía el veneno directo al corazón. Después de varios intentos, finalmente di en la vena y cuando empujé el émbolo de esa aguja y esa cantidad mortal de cocaína entró en mi vena directamente, inmediatamente caí al piso.

Instantáneamente supe lo que había hecho: tenía una sobredosis. Algo a lo que más le teme todo drogadicto. La palabra que ningún adicto a la droga piensa que jamás le pasará a él. Sabía que estaba muriendo. Me estaba ahogando en mi propio vómito y estaba seguro que mi corazón explotaría en cualquier momento. No había nadie a mi derredor, nadie a quien llamar, nadie quien me ayudara y sabía que aun cuando hubiera alguien, éste no podría hacer nada. Lo siguiente que hice no fue diferente de lo que cualquiera hubiera hecho. Clamar a Dios para que me ayudara.

¿Alguna vez ha notado usted que no importa quienes somos o lo que decimos creer o no creer, al momento que algo sucede más allá de nuestro control, sin pensarlo, clamamos a Dios por ayuda? Creo que eso se debe al gran amor de Dios por cada uno de nosotros. No solamente aquellos que son cristianos o judíos, sino todos. Dios nos ama tanto que en medio de las drogas, mientras nuestros cuerpos pueden estar llenos de ese veneno, Dios está susurrándole a nuestros espíritus: "Llámame. Yo estoy aquí".

Yo sé que lo que voy a decir algunas veces molesta a las personas religiosas, pero yo no clamé a Dios por ayuda porque tuviera miedo de ir al infierno. Ni siquiera pensaba en el infierno. Hasta donde a mí concierne, mi vida era un infierno en vida. Puedo recordar hasta hoy lo que le dije a Dios ese día mientras me encontraba tendido en el piso: "Dios, no me dejes morir hasta que encuentre la felicidad". Yo no quería morir hasta que encontrara algo de paz. Y se me habían agotado los lugares donde buscarla. Es por eso que sé que mi llegada a Flagstaff, Arizona, viviendo en aquella casa, en esa cierta calle, no fue por accidente. Fue el amoroso y paciente Dios contestando la oración de un joven a quien el mundo había abandonado. Después de todo, todos sabemos: "Una vez drogadicto, siempre drogadicto". Eso puede ser lo que el mundo dice, pero la Palabra dice: *"Si el Hijo os libertare, seréis verdaderamente libres"* (Juan 8:36).

Cuando conocí a Bill, ese día en Flagstaff, fue una reunión ordenada por Dios para iniciarme en el camino de mi salvación y libertad. Después de que él me testificó por varias semanas, finalmente decidí ir a la iglesia con él, sólo para quitármelo de encima. Esa noche encontré a Jesucristo como mi Señor y Salvador. Pero la obra de Dios en mí estaba lejos de ser completada.

Como dije al principio de este capítulo, puedo recordar tan claramente el día que Dios rompió de mi vida la maldición de la adicción para siempre. Yo había estado yendo a la iglesia por un par de meses y estaba tratando de servir totalmente a Dios de la mejor manera. No había tocado ninguna droga por un tiempo, pero para ser honesto en realidad, yo estaba batallando, pero estaba determinado a ganar. Entonces, esa noche, Dios me tocó y libertó al cautivo. Me recuerdo estar sentado en la iglesia en mi asiento favorito. Estábamos todos cantando y alabando a Dios cuando el diablo hizo su último acto desesperado para atraparme. Mientras yo cantaba con el resto de la iglesia, de repente, sentí ese sentimiento familiar de una aguja penetrando en mi vena; sentí la precipitación de la droga entrando en mi cuerpo, y la podía saborear en mi boca. Supe que estaba en un grave problema. Una vez más grité: "¡Por favor, Dios, ayúdame!" Sabía que aunque yo amaba al Señor más de lo que podía explicar, si Dios no me ayudaba justo ahora, cuando saliera de ese servicio, yo iba a necesitar usar la droga.

> *Esa noche Dios me tocó y libertó al cautivo.*

¡Que maravilloso el Dios a quien servimos! Esa noche no podía ni oír lo que el predicador estaba diciendo, y hasta hoy día no tengo ni idea de lo que se trataba el sermón. Pero cuando el mensaje terminó, él predicador pidió que todos pasaran al altar a orar. Entonces era una iglesia bien pequeña, quizás cincuenta o sesenta personas. Recuerdo que estábamos todos alrededor del altar, unos estaban orando, levantando sus manos y adorando, y, luego el Espíritu cayó. Nuestra iglesia no era lo que podría llamársele "carismática". Nosotros no estábamos acostumbrados o aun familiarizados con lo que estaba por suceder. Y debo agregar aquí, que yo nunca había visto esto antes y jamás lo he visto de nuevo. Todo sucedió de repente, el Espíritu de Dios nos tocó a todos al mismo tiempo. No era nada orquestado; nadie hizo que sucediera, sino Dios mismo. Todos al unísono comenzaron a cantar en el espíritu. Dios cayó en toda la iglesia al mismo tiempo. Su Espíritu era más fuerte que cualquier cosa que yo pudiera poner en palabras. Casi todos estaban tirados en el piso. Recuerde, esto era algo con lo que nosotros no estábamos familiarizados. De hecho, era algo de lo que acostumbrábamos hacer mofa. Sé que esto suena como un cliché fanático o carismático, pero todos nosotros literalmente estábamos como ebrios en el Espíritu.

No sé como describirlo. La gente lloraba de gozo, algunos reían; el Espíritu de Dios era tan agradable y subyugante, que nosotros estábamos perdidos en Su presencia. Puedo recordar a alguien que estaba cerca mío decir, no a nosotros, sino al Padre: "¡Estamos en el cielo, estamos en el cielo!" En realidad fue como si nosotros hubiéramos perdido el contacto con los límites de este mundo y entrado brevemente por completo en Su reino. Todavía aquí sentado escribiéndole a usted de esta experiencia milagrosa que tuve con mi Padre celestial hace ya casi treinta años, eso trae mucho gozo a mi corazón. Fugazmente saboreé un poco, en la punta de mi espíritu, de lo que debe ser cuando andemos con Él para siempre. ¡Gracias, Jesús!

Realmente no sé cuanto tiempo Su Espíritu estuvo con nosotros esa noche. Probablemente unos pocos segundos o unos pocos minutos, pero para mí, fue suficiente. Dios me ha libertado. El sabor en mi boca se fue, el sentimiento de la aguja se ha ido; pero lo que es más importante, el deseo—o aun el pensamiento—de las drogas se ha roto para siempre. ¡De eso hace ya casi treinta años!

Un gigante en mi vida ha sido derribado, uno más que se va. Y este segundo gigante fue el más grande al que yo me pude enfrentar. Para mí, él fue más grande que Goliat, y su nombre era ira.

Santiago 5:16 dice: *"Confesaos vuestras ofensas unos a otros, y orad unos por otros, para que seáis sanados* [totalmente]. *La oración eficaz del justo puede mucho"*. En este pasaje, Dios nos dice que confesemos nuestras *"faltas unos a otros"*. En algunas Biblias ellos han cambiado la palabra *"faltas"* a *"pecado"*. Esto no es correcto y puede ocasionarnos la pérdida del mensaje completo de lo que Dios está tratando de enseñarnos. La palabra *falta* realmente tiene dos definiciones. Una es "una debilidad o una falla de la que una persona no necesariamente es responsable". En otras palabras, es un defecto, o maldición que cayó sobre usted, el cual incluiría las maldiciones familiares o generacionales.

Aunque a las personas a menudo no les gusta la idea de las maldiciones, el mundo las reconoce cuando las personas dicen cosas como estas: "De tal padre, tal hijo". "Tú eres igualito a tu padre". "Tú eres igualita a tu madre". Esto puede cubrir un área de nuestras vidas. Esta enseñanza acerca de la maldición familiar o generacional se encuentra en toda la Biblia. Permítame que le haga una pregunta. ¿Hay alguna historia de pobreza, divorcio, enfermedad, ira, depresión o fracaso en su familia? Jesús no vino sólo para perdonarnos sino para romper estas maldiciones, o estos modelos que están en nuestra familia y en nuestras vidas. La gente en todo el mundo entiende totalmente que una maldición puede transferirse de una generación a otra hasta que alguien descubre como detenerla en el nombre de Jesús y por Su sangre.

Hay una película llamada *Yentl* con Bárbara Streisand. Es la historia de una joven que desea estudiar la Palabra de Dios, por lo que ella finge ser un joven. Ella entra a estudiar en la escuela hebrea Yeshiva. Esa es la historia original, pero hay una historia secundaria que demuestra la sabiduría del pueblo judío. El líder estudiantil de la escuela, un joven y prometedor rabino "superestrella", está por casarse

> *Una maldición puede ser detenida en el nombre de Jesús y por Su sangre.*

con una joven. De repente, sin motivo aparente, los padres de la joven cancelan la boda. El matrimonio no se llevó a cabo. ¿Por qué? ¿Qué sucedió? La boda se canceló porque los padres encontraron que este prometedor joven estudiante tenía un hermano que se había suicidado. Ellos no querían esa maldición, no querían que ese espíritu de suicidio entrara en su familia a través del joven que se iba a casar con su hija.

¿Puede ser cierto esto? ¿Lo que ocurrió en las pasadas generaciones de un padre, puede pasarse a nuestros hijos y nietos? ¿Podría ser cierto el dicho: "De tal padre, tal hijo"? ¿Podría ser esto lo que Dios quiso decir cuando dijo que Él "visitaría la iniquidad (las maldiciones) de los padres hasta la tercera y cuarta generación?" (Véase Éxodo 20:5).

Piense en la ocasión en que usted visita la clínica de un médico por primera vez. ¿Qué sucede siempre? Usted tiene que llenar un formulario con información del seguro, información del doctor anterior, y la *historia familiar*. Ellos saben que lo que hubo en los padres o abuelos puede pasarle a la siguiente generación por medio de la sangre. Lo que necesitamos saber es que cualquier maldición familiar será detenida—¡por medio de la Sangre! Veamos de nuevo Santiago 5:16. "Confesaos vuestras faltas los unos a los otros para que seáis sanados". Confiese estas cosas que han caído sobre usted. Confiese estas cosas que usted ha heredado. ¿H heredado usted ira? ¿Ha heredado usted ira? ¿Ha heredado usted enfermedad y fracasos? Ellas pasan por medio de los humanos, pero han sido derrotadas; usted ha sido redimido por medio de la sangre de Jesús.

"Él es una astilla del viejo tronco". Generalmente cuando oímos este comentario, es un tipo de elogio. Un niño puede tener la habilidad musical de su padre o brillantez de la madre en la cocina. Quizás ella es artista o muy inteligente en los negocios, tal como la madre y la abuela. Todos hemos visto que ese trato positivo puede ser transferido. Él sacó de su padre el pelo grueso. Ella canta como su madre. Mire como él le pega a la pelota; el sacó el tiro de su padre. Si los talentos y los dones pueden transferirse, las maldiciones pueden pasar de generación a generación también. Por eso es que debemos saber cómo romper dichas maldiciones.

Esto nos lleva a la segunda definición de la palabra *falta,* en relación a Santiago 5:16. En el diccionario, la palabra *falta* significa también "una rotura en la corteza de un planeta"—como la falla que causa un terremoto.

Hace unos pocos años fui a Los Ángeles para filmar un programa de televisión. Mientras Tiz y yo estábamos en nuestra habitación alistándonos para ir al estudio, me fui al fregadero y vi una advertencia en el espejo. Era una lista de instrucciones a seguir en caso de un terremoto. Cuando miré hacia fuera, todo era hermoso. Justo a la siguiente puerta podíamos ver *Universal Studios*. La gente paseando por los alrededores haciendo bromas, los padres disfrutando el día con sus hijos. Cuando miramos en la otra dirección, podíamos ver la autopista de Los Ángeles que lleva a las personas en todas las direcciones. Casas, rascacielos, negocios, todo funcionando normalmente. Me parecía como si estuviéramos en un mundo de perfecta seguridad, entonces, ¿por qué era necesaria la advertencia en el espejo? Se debe a que todo californiano sabe que aunque todo luce grandioso en la superficie, debajo de esa superficie pasa la línea de las fallas—hendeduras y fallas que la mayor parte del tiempo permanecen dormidas, tranquilas y quietas. Pero si las cosas van mal, habrá una explosión de destrucción, una sacudida que destruirá casi todo al derredor. Por esto es que Dios dice que debemos confesar esas faltas—para que de esa manera usted pueda ser sanado. Esta traducción dice: "Para que seáis sanado" y Dios *traerá* sanidad; otras traducciones dicen, "para que seáis completos". La maldición del enojo con frecuencia producirá muchas clases de enfermedades. Pero esta palabra no está limitada a la sanidad física. Santiago dijo: "Para que seáis sanados". Dios llevará sanidad a cada área de su vida. Jesús no vino sólo a perdonarnos, sino también a hacernos completos en cada área (Véase Juan 7:23).

Aunque yo he hecho un compromiso con Jesucristo, necesito ser sanado en el área del enojo. Yo había sido cristiano por casi un año cuando encontré a Tiz en la iglesia. No pasó mucho tiempo antes de que decidiéramos casarnos. Lo que Tiz vio cuando estábamos juntos era solamente lo que estaba en la superficie. Yo era uno de los prometedores pastores jóvenes de nuestra denominación. Cada vez que un evangelista venía a predicar, yo era llamado y decía que la mano de Dios estaba sobre mí y que haría grandes cosas para Dios. Estuve en el programa de televisión un par de veces para dar mi testimonio de cómo ser libre de las drogas. Yo era como el joven de *Yentl*. Yo era el panorama desde la ventana del hotel de *Universal Studios* y la

Dios llevará sanidad a cada área de su vida.

línea de rascacielos de Los Ángeles. Para todos los demás, las cosas parecían estar bien en la superficie. Pero Tiz no se daba cuenta de que estaba a punto de decir: "Lo acepto" a un terremoto viviente que casi destruye mi matrimonio, mi familia, mi ministerio y mi mundo.

Existe un alto costo en la ira

Generalmente nos enfocamos en las víctimas del enojo, como debiéramos, tales como aquellos que han sido abusados por un cónyuge o padre. Las víctimas del enojo también se pueden encontrar en los lugares de trabajo, en la carretera, y aun en la iglesia. Pero existen otras víctimas del enojo que nosotros olvidamos algunas veces. Recuerdo una carta desgarradora que recibí de un hombre. Él me había escuchado dando mi testimonio en la televisión y decidió escribir y pedir oración. La parte de esta carta que más me motivó fue cuando él dijo: "Aunque soy el único con la maldición del enojo, soy también una víctima". Él siguió diciendo: "Por causa de mi ira y mi abuso, he perdido a mi esposa, he perdido a mis hijos y he perdido a mi familia". Él me compartió que era un hombre de negocios exitoso, tenía mucho dinero, una casa grande, carros lindos, pero su vida estaba hecha añicos. Él también era víctima del alto precio del enojo. Alabo a Dios porque puedo decirle a usted que el espíritu de su ira fue roto. Después me escribió diciendo: "Larry, es realmente un milagro de Dios. Ya no soy iracundo". Su esposa y sus hijos habían regresado con él. ¡Dios lo hizo *"sano por completo"*! (Juan 7:23, NVI).

La ira puede alejarlo de la Tierra Prometida

Aparte de Jesús, tendría que decir que Moisés es el hombre más grande de la Biblia. Mire cuan grandemente lo usó Dios. Cuando era niño él fue echado, por sus padres, a la deriva del Nilo, para poder salvar su vida. Por medio de la mano de Dios, Moisés fue hallado por la hija del faraón y llevado al mismo hogar del faraón. Luego ellos enviaron por una niñera de entre las mujeres hebreas, y Dios se aseguró que ellos llevaran a la propia madre de Moisés. Sabemos que cuando Moisés creció hasta la edad adulta, Dios habló con él a través de una zarza ardiendo y lo envió de regreso a Egipto para liberar de la esclavitud a todo el pueblo de Dios y llevarlos a la Tierra Prometida. Piense en la vara de Moisés cuando se convirtió en serpiente. Piense en Moisés dividiendo el Mar Rojo, en las aguas que salían de una roca, en el maná cayendo del cielo, en los Diez Mandamientos siendo escritos por el dedo de Dios mismo. Moisés fue el brazo escogido por Dios para dirigir a Su pueblo hacia la Tierra Prometida, Israel—la tierra que nos daría a nosotros nuestra salvación, nuestra Biblia, nuestro Mesías.

¿Se ha preguntado usted—después de todo lo que hizo Moisés, después de todas las grandes victorias y milagros que Dios le había dado a él—por qué a Moisés no se le permitió entrar en la Tierra Prometida? Números 20:12 dice: *Y Jehová dijo a Moisés y a Aarón: Por cuanto no creísteis en mí, para santificarme delante de los hijos de Israel, por tanto, no meteréis esta congregación en la tierra que les he dado.*

¿Puede usted imaginarse cómo se sintió Moisés? Después de todos estos años, después de todas estas batallas, finalmente ellos estaban allí y Dios le dijo a Moisés: "Tú no puedes entrar". ¿Qué posiblemente pudo haber hecho mal Moisés que le oscureció todo lo recto que había hecho para Dios y Sus hijos? Justo allí en el versículo 12 se encuentra: *"Por cuanto no creísteis en mí, para santificarme delante de los hijos de Israel"*. Parafraseando, Dios dijo: "Moisés, cuando Mi pueblo te vea, Mi líder escogido, ellos me verán a Mí. Y tú has actuado de tal manera que Me has hecho ver mal, y *eso* Yo no lo puedo tolerar".

Muchos creen que lo que Moisés hizo fue desobedecer a Dios y que su desobediencia lo dejó fuera de la Tierra Prometida. Permítame decirle, fue más que eso. Yo sé que las instrucciones de Dios fueron: "Moisés, háblale a la roca", y en vez de eso, Moisés golpeó la roca—dos veces. Pero lo que causó que Moisés perdiera la promesa de Dios no fue que lo hizo equivocadamente, sino que lo hizo con ira. ¡Oh, el alto precio del enojo! Sé que a primera vista, esto suena terriblemente áspero de parte de Dios. Moisés tuvo un mal día y golpeó la roca—¿qué tan grave pudo ser? Primero, Dios es un Dios de paz, amor y misericordia. Cuando Moisés se enfureció, como líder de Dios, hizo que Dios se viera mal. Él es un Dios amoroso. Segundo, esa no era la primera vez que Moisés perdía su temperamento airándose, y si vamos a ser usados y bendecidos por Dios, es importante que cuando el pueblo nos ve, ellos vean el amor de Dios y no la ira.

Mi secreto oculto

Al principio de mi salvación, yo tenía un terrible temperamento. Traje esta maldición conmigo a mi cristianismo, mi matrimonio, mi familia e incluso a mi ministerio. No me gusta revivir todas las cosas horribles que hice con enojo, pero estoy contando esta parte de mi historia para traerle ánimo a usted y su situación. La Biblia dice en Apocalipsis 12:11: *"Y ellos le han vencido por medio de la sangre del Cordero y de la palabra del testimonio de ellos, y menospreciaron sus vidas hasta la muerte"*. Repito, cuando Tiz y yo nos casamos, ella no tenía ni idea de lo que estaba adquiriendo.

Todo ese enojo y violencia fue removido de mí y de mi familia para siempre.

Yo trataba con todas mis fuerzas de controlar mi temperamento, pero al igual que esa falla del terremoto que está debajo de la superficie, no puede ser controlada por ningún poder humano. Me avergüenza decir que a veces estaba a punto de explotar. Esto no tenía ningún sentido para nosotros. ¿Por qué yo era así? Nosotros íbamos a la iglesia, a los viajes misioneros. Nuestras vidas estaban dedicadas a Dios y a la edificación de Su reino. Yo era un "hombre de Dios" para todos los de afuera; sin embargo, era una pesadilla para mi propia familia. Repetidas veces tenía que rogarle a Dios y a Tiz que me perdonaran. Prometía una y otra vez que cambiaría y lo intentaba. Yo quería. Pero no podía.

Un día, cuando Tiz tenía ocho meses de embarazo de nuestra primera hija, Ana, algo sucedió y aquella maldición de ira explotó otra vez. Yo golpeé a Tiz y la tiré al suelo. ¿Qué clase de hombre golpea a una mujer embarazada? ¿Qué clase de cristiano hace tal cosa? Y para empeorar las cosas, yo ya formaba parte del personal pastoral. ¿Qué clase de hombre de Dios era yo? Este tipo de estilo de vida siguió por cinco o seis años más. Sólo puedo decir que fue la pura gracia de Dios y la fe de Tiz que mi ira no afectó a mi familia y mi ministerio. Mi triunfo vino finalmente mientras pastoreábamos nuestra tercera iglesia. Eso es correcto, nuestra tercera iglesia. Ahora estamos pastoreando en Melbourne, Australia. Una vez más mi ira explotó y esta vez fue descargada sobre mi hijo Lucas. Él debió haber tenido unos tres o cuatro años de edad. Lo empujé y miré con horror como él rebotaba en la pared. Cuando vi los ojos de mi hijo llenos de lágrimas, instantáneamente recordé lo mismo que me había pasado a mí cuando era niño, y sin meditar lo que estaba diciendo, dije: Soy igual a mi padre. De tal padre, tal hijo".

Permítame hacer una pausa aquí y recordarle lo que la Palabra de Dios dice en Efesios 6:12: *"Porque no tenemos lucha contra sangre y carne, sino contra principados, contra potestades, contra los gobernadores de las tinieblas de este siglo, contra huestes espirituales de maldad en las regiones celestes".* Cuando enseño acerca de las maldiciones familiares, no es para acusar a nuestros padres o abuelos. Posiblemente ellos tuvieron también maldiciones generacionales que les fueron transferidas. Comúnmente, ellos han pasado por lo que ustedes han pasado. Mi padre ahora es salvo, nacido de nuevo, y ¡uno de mis más grandes aficionados! Dios realmente ha tocado su vida. Pero cuando yo le hice a mi hijo lo que me habían hecho a mí y dije aquellas palabras: "De tal padre, tal hijo", me pregunté: *"¿Hay algo en la Palabra de*

Dios que hable sobre esto? ¿Puede un espíritu de enojo o cualquier maldición ser transferida de padre a hijo, o de madre a hija? Para mi sorpresa, descubrí que Dios no solamente lo menciona, sino que también habla de ello más de trescientas veces en Su Palabra. Fue entonces que Dios me libertó instantáneamente. Todo ese enojo y violencia fue removido de mí y de mi familia para siempre. Pero Dios estaba por llevarme un paso más hacia la libertad.

Líderes que son iracundos

Cuando salimos de Australia en 1990, nos trasladamos a Portland, Oregon, y comencé una iglesia llamada *New Beginnings*. Fue uno de los grandes momentos en nuestras vidas, hasta ahora. Nuestra familia estaba bien, nuestra iglesia era excelente, y nosotros habíamos aprendido a romper las maldiciones de nuestras finanzas. Mi enojo y violencia habían desaparecido. Pero algunas veces todavía tenía un lado que podía lastimar los sentimientos de las personas. Un día, estábamos en reunión del personal de la iglesia, los miembros de mi personal habían hecho algo que me molestó. Yo terminé tratando con ellos de manera áspera y les avergoncé.

Los rabinos nos enseñan que si nosotros le causamos a alguien una vergüenza pública o humillación, la sangre se precipita hacia su rostro (algo que conocemos como ruborizarse). En la enseñanza hebrea, este es el lado espiritual del "derramamiento de sangre inocente" y es un gran pecado que le puede traer una gran maldición. Por esto es que la Biblia nos enseña:

Por tanto, si traes tu ofrenda al altar, y allí te acuerdas de que tu hermano tiene algo contra ti, deja allí

tu ofrenda delante del altar, y anda, reconcíliate con
tu hermano, y entonces ven y presenta tu ofrenda.

(Mateo 5:23–24)

En el judaísmo, cuando una persona ha pecado, viene a Dios para arrepentirse; él trae también una ofrenda para demostrar su arrepentimiento. Sin embargo, Jesús nos enseña que eso no basta. Si alguien ha sido lastimado, especialmente en público, no basta con venir a Dios en privado y ser perdonado totalmente. El arrepentimiento no es completo, sino hasta que la persona va donde su hermano y le pide perdón también.

Cuando llegué a casa de esa reunión de personal, en mi espíritu estuve perturbado, inconforme todo el día. Aunque todavía no entendía el significado de lo que había hecho, a través del estudio de la Palabra de Dios por medio de las raíces judías, esa noche no pude dormir del todo. Sabía que había hecho algo equivocado. Trataba de justificar mis acciones, pero Dios no estaba de acuerdo conmigo. Finalmente, a la media noche, me levanté de la cama a orar, y Dios habló a mi espíritu algo que ha cambiado mi vida para siempre. Él dijo: "Larry, si tú no cambias totalmente, y tratas a la gente con amor y respeto, no solamente no Te levantaré, sino que Te derribaré". Dios no solamente no iba a bendecir mi ministerio, sino que Él lo iba a detener. "Quiero que llames a reunión mañana en la iglesia y quiero que te disculpes". Dije: "Tú quieres decir, a aquellos cuyos sentimientos lastimé, ¿no es así, Señor?" Y Él dijo: "No. A todos. A los pastores, sus esposas, secretarias, personal de mantenimiento, porteros,

> *El enojo puede alejarlo de su tierra prometida personal.*

recepcionistas, personal producción de TV, personal de sonido, a todos". Y lo hice. El enojo puede tener un alto costo. Fue vergonzoso pedir disculpas públicamente, pero eso cambió mi vida para siempre. Inmediatamente comencé a ver prosperidad, gozo y felicidad fluyendo en cada área de mi vida. No eran pequeñas gotitas, sino que Dios había abierto las ventanas de los cielos. El enojo me había mantenido alejado de mi propia tierra prometida. Si usted no rompe la maldición del enojo, le puedo garantizar que eso le alejará de su tierra prometida personal.

Tercera oportunidad, Moisés—quedas fuera

Observemos un poco más acerca a Moisés y aprendamos de sus grandezas, pero también de sus errores. Mire de nuevo las instrucciones de Dios para él, en Números, capítulo 20:

*Y fueron Moisés y Aarón de delante de la congregación a la puerta del tabernáculo de reunión, y se postraron sobre sus rostros; y la gloria de Jehová apareció sobre ellos. Y habló Jehová a Moisés, diciendo: Toma la vara, y reúne a la congregación, tú y Aarón tu hermano, y hablad a la peña a vista de ellos; y ella dará su agua, y les sacarás aguas de la peña, y darás de beber a la congregación y a sus bestias. Entonces Moisés tomó la vara de delante de Jehová, como Él le mandó. Y reunieron Moisés y Aarón a la congregación delante de la peña, y les dijo: ¡**Oíd, ahora rebeldes!** ¿Os hemos de hacer salir agua de esta peña? Entonces alzó Moisés su mano y **golpeó la peña con su vara dos veces**; y salieron muchas aguas, y bebió la congregación y sus bestias. Y Jehová dijo a Moisés y a Aarón: Por cuanto no creísteis en mí, para* *santificarme delante de los hijos de Israel, por tanto, no meteréis esta congregación en la tierra que les he dado.* (Números 20:6–12, el énfasis fue añadido)

Dios es un Dios paciente; Él es muy paciente; Él es misericordioso. No obstante, creo que con todos nosotros llega un momento en que Él dice: "Basta ya. Ustedes ya deben haber aprendido esto". Pienso que este fue el caso con Moisés. Regresemos al principio del llamado de Dios a Moisés para que libertara a Israel.

Éxodo 2:11–12, dice:

En aquellos días sucedió que crecido ya Moisés salió a sus hermanos, y los vio en sus duras tareas, y observó a un egipcio que golpeaba a uno de los hebreos, sus hermanos. Entonces miró a todas partes, y viendo que no parecía nadie, mató al egipcio y los escondió en la arena.

Él mató al egipcio y escondió su cuerpo en la arena. Él pensó que nadie había visto su arrebato de ira, pero leamos los versículos 13 y 14:

Al día siguiente salió y vio a dos hebreos que reñían; entonces dijo al que maltrataba al otro: ¿Por qué golpeas a tu prójimo? Y él respondió: ¿Quién te ha puesto a ti por príncipe y juez sobre nosotros? ¿Piensas matarme como mataste al egipcio? Entonces Moisés tuvo miedo, y dijo: ¡Ciertamente esto ha sido descubierto!

Por causa de su enojo, él ya había perdido su reputación entre aquellos a los que había sido llamado a liberar. Dios tuvo que atrasar la liberación de Su pueblo y el ministerio de Moisés por años.

Cuarenta años más tarde, Moisés regresó de experiencia por el desierto y el pueblo de Dios fue liberado. Moisés e Israel fueron camino hacia la Tierra Prometida. Dios escogió a Moisés como el hombre al que entregaría Su Palabra: los Diez Mandamientos—parte de la Torah. Pero una vez más la ira de Moisés lo metió en grave problema con Dios: *"Y dio a Moisés, cuando acabó de hablar con él en el monte de Sinaí, dos tablas del testimonio, tablas de piedra escritas con el dedo de Dios"* (Éxodo 31:18). Luego, en Éxodo 32:19, dice: *"Y aconteció que cuando él llegó al campamento, y vio el becerro y las danzas, ardió la ira de Moisés, y arrojó las tablas de sus manos y las quebró al pie del monte"*. Moisés se enfureció, perdió el control frente a todos los que estaba supuesto a dirigir. Tiró al suelo las tablas que Dios había escrito personalmente y se las había entregado a él, estrellándolas y haciéndolas añicos. Mire el versículo 20: *"Y tomó el becerro que habían hecho, y lo quemó en el fuego, y lo molió hasta reducirlo a polvo, que esparció sobre las aguas, y lo dio a beber a los hijos de Israel"*. Moisés perdió el temperamento y actuó con ira. ¡Él mezcló con agua el polvo del ídolo de oro y se los dio a beber!

Ahora veamos Éxodo 34:1: *"Y Jehová dijo a Moisés: Alísate dos tablas de piedra como las primeras, y escribiré sobre esas tablas las palabras que estaban en las tablas primeras que quebraste*. Dios amaba a Moisés. Moisés era amigo de Dios. Sin embargo, Dios le dijo: "Yo escribí las primeras dos tablas, que tú quebraste. Ahora corta la piedra y Yo escribiré en esas tablas las palabras que estaban en las primeras, las cuales, Te recuerdo, tú quebraste".

Me pregunto ¿que ha tratado Dios de darnos y que hemos roto por causa de la ira? ¿Nuestros matrimonios, familias, negocios, porvenir y aun nuestros ministerios? Proverbios 25:28 dice: *"Como ciudad derribada y sin muro es el hombre cuyo espíritu no tiene rienda"*. Cuando los muros caen, el enemigo puede venir, destruir, robar y matar todas nuestras esperanzas y sueños.

Efesios 4:26 dice: *"Airaos, pero no pequéis; no se ponga el sol sobre vuestro enojo"*. Es natural sentir enojo. De hecho, no es natural que alguien nunca sienta enojo. Sin embargo, Dios dice que nos airemos, pero sin pecado. Nosotros debemos sentir ira por ciertas cosas. Deberíamos sentir ira por los bebés que son abortados. Deberíamos sentir ira por el racismo que existe en Estados Unidos y en el mundo. Deberíamos sentir ira por aquellas personas que enseñan que Dios quiere que se aten bombas en sus cuerpos y que Él los recompensará en el cielo si con su muerte matan a alguien más.

> *El enojo no es pecado en sí, el pecado está en cómo respondemos a ello.*

Algunas cosas deberían enojarnos. El enojo no es pecado en sí, el pecado está en cómo respondemos a ello.

Podríamos estar de acuerdo en que Moisés tuvo razón para sentirse molesto, estar airado, después de todo lo que él había pasado. Pero como representante de Dios, él tenía que recordar, y así debemos hacer nosotros, que cuando el pueblo nos ve, ellos necesitan ver a Jesús. No pienso que Moisés haya desobedecido a Dios, aun cuando se haya enojado, fue la manera como lo demostró: *"¡Oíd ahora, rebeldes!"* (Números 20:10). Él perdió el control y les gritó. *"Entonces alzó Moisés su mano y golpeó la peña con su vara dos veces* (versículo 11). Él no solamente golpeó la peña, sino que la golpeó dos veces. Me imagino la misma emoción que provoca un padre cuando con ira da puñetazos contra la pared frente a sus niños. *"Y Jehová dijo a Moisés y a Aarón: Por cuanto no creísteis en mí, para glorificarme delante de los hijos de Israel, por tanto, no meteréis esta congregación en la tierra que les he dado"* (versículo 12).

Debido a que Moisés, el hombre de Dios, representó mal a Dios con su enojo, el castigo fue: "Moisés, tú no vas a entrar en la Tierra Prometida".

Antes que nos detengamos y rompamos esta la maldición del enojo, permítame dejarle unos cuantos pasajes para que estudie esta materia:

No aborrecerás a tu hermano en tu corazón… No te vengarás, ni guardarás rencor a los hijos de tu pueblo, sino amarás a tu prójimo como a ti mismo.
(Levítico 19:17–18)

Antes endurecieron su cerviz, y en su rebelión pensaron poner caudillo para volverse a su servidumbre. Pero Tú eres Dios que perdonas, clemente y piadoso, tardo para la ira, y grande en misericordia, porque no los abandonaste. (Nehemías 9:17)

Deja la ira y desecha el enojo. (Salmos 37:8)

El que fácilmente se enoja hará locuras.
(Proverbios 14:17)

El que tarda en airarse es grande de entendimiento.
(Proverbios 14:29)

La blanda respuesta quita la ira; más la palabra áspera hace subir el furor. (Proverbios 15:1)

El hombre iracundo promueve contiendas; más el que tarda en airarse apacigua la rencilla.
(Proverbios 15:18)

Mejor es el que tarda en airarse que el fuerte; y el que se enseñorea de su espíritu, que el que toma una ciudad.
(Proverbios 16:32)

No te entremetas con el iracundo, ni te acompañes con el hombre de enojo.
(Proverbios 22:24)

El hombre iracundo levanta contiendas, y el furioso muchas veces peca.
(Proverbios 29:22)

Pero yo os digo que cualquiera que se enoje contra su hermano, será culpable de juicio; y cualquiera que diga: ¡Necio! a su hermano, será culpable ante el concilio; y cualquiera que le diga: ¡Fatuo!, quedará expuesto al infierno de fuego.
(Mateo 5:22)

Idolatría, hechicerías, enemistades, pleitos, celos, iras, contiendas, disensiones, herejías.
(Gálatas 5:20)

Entre los cuales también todos nosotros vivimos en otro tiempo en los deseos de nuestra carne, haciendo la voluntad de la carne y de los pensamientos, y éramos por naturaleza hijos de ir, lo mismo que los demás.
(Efesios 2:3)

Airaos, pero no pequéis; no se ponga el sol sobre vuestro enojo.
(Efesios 4:26)

Quítense de vosotros toda amargura, enojo, ira, gritería y maledicencia, y toda malicia.
(Efesios 4:31)

Y vosotros, padres, no provoquéis a ira a vuestros hijos, sino criadlos en disciplina y amonestación del Señor.
(Efesios 6:4)

Pero ahora dejad también vosotros todas estas cosas: ira, enojo, malicia, blasfemia, palabras deshonestas de vuestra boca. (Colosenses 3:8)

Quiero, pues, que los hombres oren en todo lugar, levantando manos santas, sin ira ni contienda.
(1ra Timoteo 2:8)

Por esto, mis amados hermanos, todo hombre sea pronto para oír, tardo para hablar, tardo para airarse; porque la ira del hombre no obra la justicia de Dios. Por lo cual, desechando toda inmundicia y abundancia de malicia, recibid con mansedumbre la palabra implantada, la cual puede salvar vuestras almas.
(Santiago 1:19–21)

Lo maravilloso del gran amor y misericordia de Dios es que nunca es demasiado tarde. Dios no le está señalando con un dedo de acusación sino extendiéndole la mano de liberación para hacerle libre. Ha llegado el momento de que usted trate con ese espíritu de enojo [o ira]. Puede ser que esté en usted como estuvo en mí. Talvez usted está orando por la liberación de alguien, al igual que Tiz lo estuvo haciendo por mí. No le va a tomar años como pasó conmigo. ¡Ahora es su momento de salvación y libertad!

Ore conmigo:

Padre: En el nombre de Jesús vengo ante Ti ahora. Me arrepiento del espíritu de enojo que había en mí, y en (coloque aquí el nombre de sus seres queridos). Yo rompo la maldición, la maldición familiar, y clamo no sólo que sea rota, sino que también se revierta. Yo libero el gozo, la paz y la felicidad ¡no para algún día, sino para hoy! En el nombre de Jesús ¡Amen!

Permítame dejarle una palabra más de ánimo. El Señor no sólo me hizo libre del espíritu de enojo, sino que también, por medio de mi testimonio y la sangre de Jesús, esa maldición no pasó a mis hijos y mis nietos. Mi hija mayor, Ana, está casada con un joven maravilloso, de nombre Brandin, y nos han regalado un par de gemelos. Tienen un maravilloso matrimonio y están activos en el ministerio. Mi hijo, Lucas, está casado con Jennifer. Ellos también llevan un bonito matrimonio y están activos en el ministerio. Y sabemos que el esposo de Katie será un gran hombre de Dios. Gracias a Dios que la maldición ha sido rota y la bendición ha sido liberada. Tiz

¡Alabado sea Dios! La maldición ha sido rota y la bendición ha sido liberada.

y yo tuvimos unos años duros, pero estamos llegando a nuestro treinta aniversario de bodas. Ella no sólo es mi esposa, es mi mejor amiga. Tenemos más alegría y más amor que nunca antes. Este es su momento para decir: "Ya no siento más enojo. ¡Alabado sea Dios! ¡Usted ha eliminado la maldición y ha liberado la bendición!

Cuarto paso para
eliminar la maldición y
liberar la bendición

Amado, yo deseo que tú seas prosperado en todas las cosas, y que tengas salud, así como prospera tu alma.
—3ra Juan 2

Dad, y se os dará;
medida buena, apretada,
remecida y rebosando darán
en vuestro regazo; porque con la
medida con que medís, os volverán a medir.
—Lucas 6:38

Capítulo 4

Rompiendo la maldición que está en su dinero

De la pobreza a la prosperidad

n Efesios 5:17, la Biblia nos enseña que cuando Jesús vuelva, Él vendrá por una novia gloriosa. La iglesia, la novia del Señor, será sin mancha y sin arrugas. Si regresamos al libro de Éxodo, encontramos un cuadro más claro de lo que Pablo nos estaba diciendo en Efesios. Israel es un ejemplo, una sombra de las cosas que vendrían por medio de Jesús y Su sangre.

Éxodo 12:35–36 dice:

E hicieron los hijos de Israel conforme al mandamiento de Moisés, pidiendo de los egipcios alhajas de plata, y de oro, y vestidos. Y Jehová dio gracia al pueblo delante de los egipcios, y les dieron cuanto pedían; así despojaron a los egipcios.

Puedo imaginarme la escena de la película *Los Diez Mandamientos*, cómo millones del pueblo de Dios salían de Egipto hacia la Tierra Prometida. Algunos caminando en harapos, algunos arrastrando cabras flacas y otros cojeando. Este es el cuadro que Hollywood nos ha dado y algunos en las iglesias creen fue así como sucedió. Vemos al pueblo de Dios, el cual ahora nos incluye a usted y a mí, como una chusma, haciendo apenas la lucha en nuestro viaje a la Tierra Prometida. Pero mire lo que realmente sucedió.

El versículo 35 dice que los egipcios dieron a los israelitas artículos de plata, artículos de oro, y vestidos. El pueblo de Dios no salió de Egipto con las manos vacías, en lo absoluto. De hecho, el versículo siguiente dice que Dios les dio gracia ante los ojos de los egipcios. Estas mismas personas que acostumbraban ser sus capataces, que acostumbraban abusar del pueblo de Dios, estaban ahora favoreciéndolos. Les dieron cualquier cosa que les pedían. Yo puedo ver eso ahora: "Quiero ese carro". "Oh, es suyo, lléveselo". "Sabes, ese collar que tienes en tu cuello, se miraría muy bien en mi hijita". "Bien, tómalo". "A propósito, mi vaca murió y he notado que tú compraste una buena, la gorda". "Es mi regalo para ti". "¡Cualquier cosa que quieras, pero sal de aquí antes que tu Dios se ponga enojado contra nosotros otra vez!" Mire la última línea del versículo 36: *"Así **despojaron** a los egipcios"*.

Los israelitas despojaron a los egipcios.

La transferencia de riquezas en los tiempos del fin

Hay una enseñanza que ya tiene algún tiempo, es sobre la transferencia de riquezas en los tiempos del fin. Sé por mi espíritu que estamos en ese tiempo ahora. ¡Y es su turno! Proverbios 13:22, dice: *"El bueno dejará herederos a los hijos de sus hijos; pero la riqueza del pecador está guardada para el justo"*. ¿Ha pensado usted en esa segunda parte del pasaje? Cuando por primera vez leí esto, pensé: "¿Señor, para qué está guardada? ¿Por qué no ha sido entregada ya en nuestras manos?" Permítame decirle una vez más que en Oseas 4:6 se nos recuerda que solamente una cosa puede destruir las promesas de Dios—en este caso, el dinero—y eso es falta de conocimiento y entendimiento. Necesitamos entender cómo funciona la prosperidad de Dios en nuestras vidas. La pobreza es parte de la maldición. La prosperidad es parte de la promesa que ya ha sido pagada en su totalidad por la sangre de Cristo.

Mire lo que dice Salmos 73:1–17:

Ciertamente es bueno Dios para con Israel, para con los limpios de corazón. En cuanto a mí, casi se deslizaron mis pies; por poco resbalaron mis pasos. Porque tuve envidia de los arrogantes, viendo la prosperidad de los impíos. Porque no tienen congojas por su muerte, pues su vigor está entero. No pasan trabajos como los otros mortales, ni son azotados como los demás hombres. Por tanto, la soberbia los corona; se cubren de vestidos de violencia. Los ojos se les saltan de gordura; logran con creces los antojos del corazón. Se mofan y hablan con maldad de hacer violencia; hablan con altanería. Ponen su boca contra el cielo, y su lengua pasea la tierra. Por eso Dios hará volver a su pueblo aquí, y aguas en abundancia serán extraídas para ellos. Y dicen: ¿Cómo sabe Dios? ¿Y hay conocimiento en el Altísimo? He aquí estos impíos, sin ser turbados del mundo, alcanzaron riquezas. Verdaderamente en vano he limpiado mi corazón, y lavado mis manos en inocencia; pues he sido azotado todo el día, y castigado todas las mañanas. Si dijera yo: Hablaré como ellos, he aquí, a la generación de tus hijos engañaría. Cuando pensé para saber esto, fue duro trabajo para mí, hasta que entrando en el santuario de Dios, comprendí el fin de ellos.

Por años sentí lo mismo que Asaf, el escritor de este salmo. "Señor, yo te amo. Tú sabes que así es, pero tengo que admitir que algo realmente me está molestando. Pago mis diezmos, doy para misiones, gano gente para Tu reino, pero miro alrededor y parece que los malos tienen toda la prosperidad". ¿Ha sentido usted lo mismo? ¿No le parece justo o correcto? Pero luego leo en el versículo 17: "Hasta que entrando en el santuario de Dios, comprendí el fin de ellos". ¿Le gustaría saber como va a terminar? ¡Alístese porque la riqueza del mundo finalmente terminará en sus manos!

> *¡Vamos ahora, ricos! Llorad y aullad por las miserias que os vendrán. Vuestras riquezas están podridas, y vuestras ropas están comidas de polilla. Vuestro oro y plata están enmohecidos; y su moho testificará contra vosotros, y devorará del todo vuestras carnes como fuego. Habéis acumulado tesoros para los días postreros. He aquí, clama el jornal de los obreros que han cosechado vuestras tierras, el cual por engaño no les ha sido pagado por vosotros; y los clamores de los que habían segado han entrado en los oídos del Señor de los ejércitos. Habéis vivido en deleites sobre la tierra, y sido disolutos; habéis engordado vuestros corazones como en día de matanza. Habéis condenado y dado muerte al justo, y él no os hace resistencia. Por tanto, hermanos, tened paciencia hasta la venida del Señor. Mirad cómo el labrador espera el precioso fruto de la tierra, aguardando con paciencia hasta que reciba la lluvia temprana y la tardía.*
>
> (Santiago 5:1–7)

En los primeros dos versículos Dios no está hablando de todas las personas con dinero. Tampoco está hablando de la gente que no sirve a Dios. Él está hablando de los perversos. Hay personas que no están sirviendo al Señor, pero que no necesariamente están haciendo mal con su dinero. Ellos en realidad hacen el bien. Dios quiere que usted se mantenga haciendo buenas cosas con sus finanzas, pero todavía usted necesita recibir a Jesús como su Señor y Salvador. Proverbios 10:22, dice: "La bendición de Jehová es la que enriquece, y no añade tristeza con ella". Me gusta el dicho: "Tú lo puedes tener todo". Dios quiere darle a usted no sólo prosperidad, sino gozo en el Señor. Añada a su riqueza el gozo del Señor y usted puede tenerlo todo. No solamente las personas pobres necesitan a Jesús. Hay mucha gente que tiene todo el dinero para comprar, excepto la felicidad. La felicidad sólo puede venir del Príncipe de Paz.

La felicidad sólo puede venir del Príncipe de paz.

En este pasaje, y una vez más, Dios no está contra de la prosperidad. Él no está en contra de que usted o yo que tengamos riquezas. Este pasaje está hablando de personas que aman el dinero y no están haciendo lo bueno con él. La Nueva Versión Internacional traduce la última línea del versículo 3 como sigue: *"Han amontonado riquezas, ¡y eso que estamos en los últimos tiempos!"* (Santiago. 5:3). Esto nos conecta a nosotros directamente con Proverbios 13:22: *"El bueno dejará herederos a los hijos de sus hijos; pero la riqueza del pecador está guardada para el justo".*

El salmista dijo que viendo la riqueza del malo casi lo hacía tropezar, hasta que comprendió el fin de ellos. Para aquellos que tienen dinero y no hacen lo bueno, sus riquezas están amontonadas para aquellos que harán lo bueno. La riqueza del malo está siendo puesta en las manos de los hijos de Dios.

> *He aquí, clama el jornal de los obreros que han cose-*
> *chado vuestras tierras, el cual por engaño no les ha*
> *sido pagado por vosotros; y los clamores de los que*
> *habían segado han entrado en los oídos del Señor de*
> *los ejércitos.* (Santiago 5:4)

Los propietarios, los negocios perversos, se han guardado de pagar los salarios de algunas personas. Una vez más, quiero ser cuidadoso de no dejarlo a usted con la idea de que todos aquellos negocios, todos esos dueños y toda la gente rica están en esta categoría. ¡Definitivamente no! Dios está señalando de aquellos que han llegado a ser ricos por medio de estafar el salario de los que lo devengan. Ahora, extremamente importante es que usted entienda que lo que Dios está diciendo aquí, porque esta es la clave de la transferencia de la riqueza en los últimos tiempos. *"Y los clamores de los que habían segado* [obreros o trabajadores] *han entrado en los oídos del **Señor de los ejércitos"**.* Pienso que muchas personas cometen errores al leer esto: "El Señor del sábado". Pero la palabra es *sabaot*, la cual significa "líder de un gran ejército o multitud". El Señor de los ejércitos es el Maestro Vengador. En los últimos días, cuando el Señor venga por Su novia gloriosa, que estará sin mácula ni mancha, no habrá pobreza ni enfermedades. Clamaremos al Maestro Vengador, y Él tomará la riqueza de los malos, aquellos que retuvieron los salarios estafando, y la pondrá en las manos de los justos.

Una vez más, nuestro ejemplo es Israel, cuando salió de Egipto. ¿Se ha preguntado usted alguna vez, por qué Israel salió de Egipto con toda la plata y el oro, con toda la riqueza de Egipto? La razón es que, después de cuatrocientos años, ellos clamaron al Señor de los ejércitos, el Maestro Vengador. Cuando Él los liberó, no *en* la Tierra Prometida, sino camino *a* la Tierra Prometida, Él los sacó e hizo que los egipcios pusieran la plata y el oro en sus manos porque les debían el valor de su trajo desde hacía cuatrocientos años. Este es un buen ejemplo de que la riqueza de los perversos será puesta en las manos de los justos.

Lo que necesitamos entender es que cuando los hijos de Israel vinieron por primera vez a la tierra de Egipto, los egipcios no estaban mucho mejor, en cuanto a riqueza se refiere, que los hijos de Israel. Pero cuando los hijos de Dios vinieron a Egipto, trajeron con ellos la bendición de Dios. Cuando comenzaron a vivir en Egipto, el faraón de ese tiempo permitió que los bendijeran. Ellos levantaron sus negocios. Llegaron a ser líderes políticos y económicos. Cuando aquel faraón murió y un nuevo faraón llegó, la Biblia dice que: *"Entretanto, se levantó sobre Egipto un nuevo rey que no conocía a José"* (Éxodo 1:8). Él dijo: "Ellos son más poderosos y más numerosos que nosotros". Él tuvo miedo de ellos, así que les quitó toda la bendición. Les quitó todas sus riquezas, y les puso bajo esclavitud. Cuatrocientos años más tarde, ellos se levantaron y clamaron al Señor de los ejércitos y dijeron: "Danos lo que nos pertenece". La razón por la que Estados Unidos o cualquier otro país, es bendecido, es que donde están los hijos de Dios, nuestro Dios también está. El Dios de Abraham, Isaac y Jacob siempre traen bendición. La riqueza del perverso va a pasar a las manos nuestras.

¿Qué significa todo esto y cómo se aplica a usted? *"Por lo tanto, hermanos, tened paciencia hasta la venida del Señor. Mirad cómo el labrador espera el precioso fruto de la tierra, aguardando con paciencia hasta que reciba la lluvia temprana y la tardía"* (Santiago 5:7). El tiempo está llegando, los últimos días—en los cuales creo que estamos viviendo ya—cuando el precioso fruto de la tierra brotará.

He oído enseñar que el precioso fruto, de la gran cosecha que Dios está hablando aquí, son las almas. ¡Y para usted y para mí no hay nada más preciado que las personas lleguen al Señor! Eso es lo más importante y sucederá. Está sucediendo ahora mismo. Yo sé que cada semana en nuestra iglesia *New Beginnings*, en Dallas, vemos cincuenta hasta cien personas rindiendo sus vidas al Señor.

Aunque la gran cosecha de almas está incluida en el derramamiento de la gracia de Dios, de lo que Dios está hablando aquí en Santiago 5 es de dinero. Si usted lee los versículos 1–7, Dios está hablando de la riqueza de los malos siendo transferida a las manos de aquellos que han sido estafados.

> *El favor de Dios en los últimos tiempos será mayor que nunca antes.*

Miremos de nuevo el final del versículo 7, y verá como esto se relaciona con usted. Las promesas de Dios que recibiremos de la lluvia temprana y la tardía, y la gloria de la última casa será más grande que la anterior (Véase Oseas 2:9). El favor de Dios, el derramamiento de Dios de poder y bendición en los últimos tiempos, será mayor que nunca antes. Recuerde: Él viene por una Novia gloriosa. Una que manifieste y reciba todas las promesas de Dios.

Cuando vayamos a "casa" no vamos a ir golpeados, sin dinero y asquerosos. ¡Cuando el Señor venga por Su novia, vamos a salir como cabeza y no como cola, como el prestamista y no como el que toma prestado, arriba y no abajo, ganadores y no perdedores! La lluvia tardía va a ser gloriosa, pero Dios no sólo nos promete la lluvia tardía; nos promete la temprana también. Jeremías 5:24, dice: *"Jehová Dios nuestro, que da lluvia temprana y tardía en su tiempo, y nos guarda los tiempos establecidos para la siega"*. La temporada de Dios para usted es ahora, Oseas 6:3, dice: *"Y conoceremos, y proseguiremos en conocer a Jehová; como el alba está dispuesta su salida, y vendrá a nosotros como la lluvia, como la lluvia tardía y temprana a la tierra"*. Mire Joel 2:23: *"Vosotros también, hijos de Sion, alegraos y gozaos en Jehová vuestro Dios; porque os ha dado la primera lluvia a su tiempo, y hará descender sobre vosotros lluvia temprana y tardía como al principio"*.

Ya hemos tenido un poco de lluvia—unas cuantas bendiciones—en nuestras vidas. Pero Dios quiere abrir las ventanas de los cielos y derramar una bendición que no seremos capaces de contenerla (Véase Malaquías 3:10). Dios quiere derramar Su lluvia sobre nosotros. La lluvia es la que trae la cosecha de Dios, la bendición de Dios.

Llevé un grupo conmigo a Israel para estudiar en la Tierra Santa nuestras raíces judías. Estábamos en el Río de Jordán donde todos van a bautizarse cuando llegan a Israel. Sucedió que en este día, sólo nosotros éramos los que íbamos a ser bautizados. Antes de comenzar, yo di una enseñanza sobre bautismo. El entendimiento hebreo de bautismo es el de lavar los límites y las maldiciones del mundo, y ser liberados al mundo de poder del reino de Dios.

Tan pronto finalicé la enseñanza, empezó a llover. Yo no lo había notado, pero mientras daba la enseñanza, un grupo que consistía de unos cinco buses de hermanos procedentes de Nigeria habían llenado el nivel superior del área donde estábamos. Ellos habían estado muy tranquilos escuchando lo que yo estaba diciendo, pero tan pronto como comenzó a llover, comenzaron a cantarle al Señor. Fue el canto más hermoso que yo haya oído jamás. Cantaban en su propia lengua nativa, por lo que no pude entender las palabras, pero el Espíritu de Dios se dejó sentir asombrosamente maravilloso. La lluvia continuó desde que la primera persona fue bautizada hasta la última, y cuando la última persona de nuestro grupo salió del agua, la lluvia cesó tan de repente como había comenzado. No he tenido, en mi andar con el Señor, muchas ocasiones como esta en que haya sentido la presencia especial de Dios.

El líder del grupo africano vino hacia mí y dijo: "Espero que no lo hayamos perturbado, pero estábamos escuchando lo que usted enseñaba y nuestros espíritus se conmovieron. Cuando usted terminó y empezó a llover, supimos que Dios estaba trayendo una bendición a lo que oíamos". Él me contó que en África—y es lo mismo en Israel—la lluvia es la señal del favor de Dios, de Su bendición. Ellos no pueden sobrevivir a menos que Dios traiga la lluvia. Él siguió diciendo: "Nosotros creemos que si un hombre de Dios viene a nosotros, la señal de que él es profeta, es que Dios traiga lluvia". Yo no cuento esa historia, de ninguna manera, para decir que yo soy profeta, pero para demostrar un punto: La mayoría de nosotros vive en un lugar donde podemos darle vuelta al grifo y tener toda el agua que queramos. Pero para aquellos que viven en partes del mundo donde no pueden hacer eso, la lluvia es esencial para sobrevivir. La lluvia hace crecer las cosechas.

La lluvia tardía es la bendición que Dios le va a traer a usted, y ésta será grande. ¿Pero cual es su lluvia temprana?

¡Prepárese para recibir su triunfo! ¡Dios le dará a usted la lluvia temprana y la tardía también! Lea de nuevo en Santiago 5:4. El Maestro Vengador va a asegurarse de que a usted se le pague todo lo retenido, que ya era suyo, pero que no lo era porque su familia no recibió la lluvia temprana. ¿Qué significa eso?

Si usted es afro-americano, a muchos de sus parientes no se les pagó lo debido por causa del color de su piel. Ya sea que sus ancestros fueron esclavos o si no recibieron el salario justo por causa del prejuicio, usted debe entusiasmarse—¡el Maestro Vengador está a punto de poner a cuenta los libros! Todo lo que su padre debió haber tenido, todo lo que madre debió haber tenido, los perversos lo almacenaron para usted en los últimos días (Véase Santiago 5:3).

> *Dios le dará a usted la lluvia temprana y la tardía también.*

Si usted es méxico-americano y ha sido explotado, el Señor de los ejércitos, el Maestro Vengador, está a punto de llamar a cuentas. Esto va para todas las minorías, para las mujeres, para los cristianos a quienes la iglesia les ha enseñado que a nosotros los pobres Dios los quiere, para cualquiera que ha sido discriminado o tratado injustamente. ¡Dios tiene lista la riqueza del inicuo para ponerla en sus manos!

Yo estuve enseñando en uno de nuestros viajes a Israel. Teníamos entre nosotros a un maravilloso hermano indígena-americano. Cuando estaba finalizando la enseñanza, él me pidió que orara por él para que la maldición de pobreza se rompiera y así él poder recibir lo que le habían robado a su familia. Tiempo más tarde, yo estaba predicando en Phoenix,

Arizona y él vino para oírme hablar. Después del servicio, él me contó que dos meses después que habíamos orados juntos, le habían dado a él un terreno con un valor de $200,000 y que había mucho más por llegar. Dios le ha prometido a usted prosperidad y abundancia. ¿Qué le ha sido robado a usted? Haga una lista y entusiásmese.

> *Porque no tenemos lucha contra sangre y carne, sino contra principados, contra potestades, contra los gobernadores de las tinieblas de este siglo, contra huestes espirituales de maldad en las regiones celestes.* (Efesios 6:12)

Todo aquellos que le ha sido robado—todo lo que su madre o padre debían haber tenido, todo lo que su abuelo o su abuela debían haber tenido, cualquier cosa que haya sido robado—toda la lluvia tardía está siendo almacenada y le será entregada a usted. No solamente la lluvia tardía, sino la temprana también. Esté preparado para cuando la ventana del cielo se abra y derrame tanta bendición que usted no tendrá espacio suficiente para recibirla. ¡Ahora, eliminemos la maldición y liberemos la bendición!

Tradición religiosa

En muchas ocasiones cuando enseño, me gusta bromear con la congregación y les digo algo como esto: "¿Cuántos saben que la Palabra de Dios es la cosa más poderosa sobre la tierra?" Por supuesto que todos siempre gritan: "¡Sí! ¡Amén!" Y luego les digo: "Sin embargo, no lo es. Aun nuestra propia Biblia enseña que hay algo más poderoso que la Palabra de Dios. Nuestra tradición religiosa" "[Ustedes han invalidado] *la palabra de Dios con vuestra tradición que habéis transmitido*" (Marcos 7:13). Hay muchas cosas que nos han sido transmitidas por generaciones por medio de nuestros ante-pasados espirituales. Pero Jesús dice que estas tradiciones religiosas anulan lo que Dios está tratando de traernos por medio de Su Palabra.

Miremos unas cuantas tradiciones que se nos han ense-ñado y quite la maldición que bloquea la bendición.

1. Jesús fue pobre.

Esto fue lo que a mí se me enseñó y sé que así se les enseñó a muchos otros. Después de todo, si Jesús fue pobre, ¿quiénes somos nosotros para aspirar a cosas materiales? ¡Debe andar algo mal con nosotros! Sin embargo, Jesús no era pobre. Usted puede pensar, ¡puedo recordar haberlo escu-chado de la Palabra de Dios, así es que debe ser cierto!

Bien, echemos un vistazo. Primero, de acuerdo con Lucas 2:16, Jesús nació en un pesebre. Esto es usado para demos-trar la pobreza de Jesús. Es cierto que el Señor nació en un granero, pero la razón para que naciera en un granero no fue para mostrar la pobreza de Jesús, sino para demostrar que algunos hombres no le darían lugar para que naciera en sus vidas. Lucas 2:7 dice: *"Y dio a luz a su hijo primogénito, y lo envolvió en pañales, y lo acostó en un pesebre, porque no había lugar para ellos en el mesón"*. Antes de que María y José llevaran a Jesús al granero, ellos salieron a buscar una habitación en el hotel. Ellos deben haber tenido dinero para pagar el hotel.

Segundo, Jesús fue envuelto en pañales (Véase Lucas 2:7). ¡Pobre Jesús! Primero, Él tenía que nacer en un gra-nero y luego, para empeorar la situación, Su madre encontró algunos trapos viejos que estaban tirados por ahí en el esta-blo para cubrirlo. María no Lo cubrió con harapos. Ella Lo envolvió en pañales, que son las ropas de los bebés y sábanas para bebés que sin duda alguna ella había traído consigo. Cuando una madre va a tener un bebé, ella prepara un bolso, lo llena con todo lo que ella y el bebé van a necesitar. Estoy seguro de que María hizo lo mismo. Nuestro Salvador no llevó harapos.

Jesús fue pobre solamente comparado con las riquezas que Él había tenido en los cielos.

Tercero, los tres sabios. Hemos visto la bonita escena del pequeño pesebre bajo el árbol de navidad. Hay un Jesús acostado en un pesebre de madera. (Observación: Los pesebres generalmente eran tallados en piedra, ¡pero hemos reescrito la historia basados en nuestra tradición!). Vemos la vaca, el cordero, María y José. Luego están allí los tres sabios de oriente, cada uno con un pequeño obsequio. Mateo 2:11, dice:

Y al entrar en la casa, vieron al niño con su madre María, y postrándose, lo adoraron; y abriendo sus tesoros, le ofrecieron presentes: oro, incienso y mirra.

Nos imaginamos a los tres sabios de oriente trayéndole a Jesús un pequeño regalo de recuerdo. Número uno, en ninguna parte de la Biblia se dice que sólo eran tres sabios. Número dos, un pequeño regalo de recuerdo—¡eso nunca sucedió! Proverbios 18:16 dice: "La dádiva del hombre le ensancha el camino y le lleva delante de los grandes". La tradición en el Medio Oriente y la cultura oriental es que cuando usted va a visitar a alguien importante, su regalo debe preparar el camino para usted. Cuanto más grande es la persona, cuanto más grande debe ser su obsequio. Usted jamás se imaginaría llegar ante un rey con un souvenir como regalo. Y Jesús no solamente era rey: Él es el Rey de reyes y Señor de señores.

Conversé con un hombre de negocios de Australia y me contó que él había estudiado este caso. La conclusión fue que los sabios traían por lo menos siete camellos cargando oro, siete camellos llevando incienso, siete camellos que llevaban mirra, que era materias de gran precio. ¡Jesús no era pobre!

Cuarto, debido a la creencia de que Jesús era pobre, hay un sentimiento de que una persona se convierta en pobre para entrar en el ministerio. Esta tradición ha existido por mucho tiempo. Si usted está en el ministerio, necesita ser pobre como lo fue Jesús. Démosle una mirada a Marcos 6:35–37:

> *Cuando ya era muy avanzada la hora, sus discípulos se acercaron a él, diciendo: El lugar es desierto, y la hora ya muy avanzada. Despídelos para que vayan a los campos y aldeas de alrededor, y compren pan, pues no tienen qué comer. Respondiendo él, les dijo: Dadles vosotros de comer. Ellos le dijeron: ¿Qué vayamos y compremos pan por doscientos denarios, y les demos de comer?*

Jesús había estado enseñando todo el día y se les hizo tarde. Ellos estaban lejos de algún lugar donde pudieran comprar comida. Los discípulos le dijeron a Jesús: "Despídelos para que vayan a buscar comida para que coman algo". Pero Jesús les contestó: "Denle de comer ustedes". ¿Qué respondieron los discípulos? "¿Oh, Señor, podemos sacar de tu chequera? ¿Podemos sacar de tu tarjeta de crédito?" No, dijeron ellos. "¿Debemos ir y comprar doscientos denarios en pan para darles de comer?" Si miramos en Mateo 20:2: "Y habiendo convenido con los obreros en un denario al día, los envió a su viña", y como usted ve un denario era la paga de un día de trabajo, y probablemente muy buena. Así que cuando Jesús le dijo a los discípulos que alimentaran ellos a la multitud, su respuesta inicial fue: "¿Debemos sacar de la tesorería el equivalente a más de medio año de salario y comprar el almuerzo?" Aunque los discípulos no entendieron lo que Jesús les estaba diciendo, parece claro por la lectura de este pasaje que ellos tenían en la tesorería suficiente dinero para alimentar a cinco mil personas, hombres, mujeres y niños.

Esto me lleva a otro punto. Veamos Juan 12:4–6:

Y dijo uno de los discípulos, Judas Iscariote, hijo de Simón, el que le había de entregar: ¿Por qué no fue este perfume vendido por trescientos denarios, y dado a los pobres? Pero dijo esto, no porque se cuidara de los pobres, sino porque era ladrón, y teniendo la bolsa, sustraía de lo que se echaba en ella.

Todos conocemos la historia. Jesús estaba almorzando cuando María vino y le ungió Sus pies con un aceite de mucho valor. Entonces Judas surgió con la idea: "¿Señor, por qué no vendemos el aceite y se le da el dinero a los pobres?" Pero Juan dice que Judas sugirió esto porque él se robaba el dinero de la tesorería del ministerio. Piense en ello. Para que Judas metiera la mano en la bolsa con el dinero, él se imaginaría que habría suficiente allí como para que nadie lo pudiera notar. No me puedo imaginar a Jesús un día revisando y diciendo: "¡Oigan, había uno cincuenta aquí, y ahora faltan veinticinco centavos! Además, debemos recordar que, si aún necesitaran dinero extra, ¡Jesús podía mandar a Pedro a pescar!

2. El dinero es malo

La siguiente maldición que necesitamos romper es la de pensar que el dinero es malo. Uno de los pasajes más mal interpretados en la Biblia viene de 1ra Timoteo 6:10: *"Porque raíz de todos los males es el amor al dinero, el cual codiciando algunos, se extraviaron de la fe, y fueron traspasados de muchos dolores"*. Las Escrituras no dicen que el dinero es malo. Lo que dicen es que el *amor* al dinero—lo cual significa amar más al dinero que a Dios—es idolatría y la raíz de todo mal.

La Biblia es un libro de comparaciones. Permítame mostrarle lo que quiero decir. Pablo dijo en 2da Corintios 8:9: *"Porque ya conocéis la gracia de nuestro Señor Jesucristo, que por amor a nosotros se hizo pobre, siendo rico, para que vosotros con su pobreza fueseis enriquecidos"*. Una vez más, quiero indicar que Jesús nunca fue pobre. Dios estaba comparando lo que Jesús hizo en la tierra con la riqueza que Él tenía en el cielo, la cual era una riqueza más allá de la imaginación. En el cielo hay calles de oro y puertas de perlas. Si una persona poseyera toda la riqueza de la tierra, todavía sería un pobre comparado con las riquezas del cielo. Así que, cuando la Biblia dice que Jesús se hizo pobre para que pudiéramos ser ricos, está comparando Su vida terrenal con lo que Él tenía cuando anduvo en las calles de puro oro. Cualquier hombre sería un pobre comparado con la riqueza que Él tenía en el cielo.

Jesús se hizo pobre para que nosotros pudiéramos ser ricos.

Si el dinero fuera malo, Dios jamás nos lo hubiera dado porque sería imposible para Él tentarnos siempre con algo que no es piadoso. *"Cuando alguno es tentado, no diga que es tentado de parte de Dios; porque Dios no puede ser tentado por el mal, ni él tienta a nadie"* (Santiago 1:13). El dinero no es malo. El dinero es un amplificador. Cuanto más grande es su amplificador, tanta más gente usted puede tocar. Si una persona mala tiene mucho dinero, él puede tocar una cantidad de personas con el mal. Por otro lado, si usted, un hijo de Dios, tiene dinero, la mayor parte del mundo puede ser alcanzada con las Buenas Nuevas y el reino de Dios. Sabiendo eso, ¿en qué manos piensa que debería estar el dinero? En nuestras manos. ¡Es hora de transferir la riqueza!

3. No es el plan de Dios que usted prospere

El siguiente punto que quiero recalcar es acerca de usted personalmente. Ya hemos hablado de que Jesús no era pobre y de que el dinero no es malo, sino bueno. Ahora, ¿qué de usted? Usted necesita entender que no solamente está bien que usted prospere sino que siempre ha sido el plan de Dios que usted prospere. ¡Comencemos a romper esa maldición!

Dios siempre ha estado tratando de poner esa riqueza en nuestras manos. Para ver esto, hagamos el recorrido de regreso al principio. En el principio Dios creó el mundo. Podemos llenar toda una lista de lo que Dios nos dio en el Edén, pero permítame mostrarle una cosa. La palabra o nombre *Edén* quiere decir un lugar de vida placentera. Un lugar, si usted lo prefiere, de lujos. Permítame que le haga una pregunta: ¿Cuándo usted piensa en el Edén, cómo piensa que es? Árboles, arbustos, animales en la selva, ¿correcto? ¿Qué pasaría si le digo que una vez más nuestras tradiciones nos han engañado? Mire esto conmigo: *"Y Jehová Dios plantó un huerto en Edén, al oriente; y puso allí al hombre que había formado"* (Génesis 2:8). Siempre tenemos la idea de que todo el Edén era un jardín, sólo árboles y arbustos. Pero la Biblia habla de que sólo la parte oriental era un jardín. Nosotros no sabemos como era el resto. El Edén era un lugar de vida placentera:

> *Y salía de Edén un río para regar el huerto, y de allí se repartía en cuatro brazos. El nombre del uno era Pisón; éste es el que rodea toda la tierra de Havila, donde hay oro; y el oro de aquella tierra es bueno; hay allí también bedelio y ónice.* (Génesis 2:10–12)

Dios le dijo a la humanidad: "Disfrútenlo. Vacas, pájaros, ovejas—todo es de ustedes. A propósito, aquel río justo allí, que rodeaba toda la tierra, está lleno de oro". Ahora, hubiera sido cruel si Él les hubiera dicho: "No lo toquen. El oro es malo. Yo lo hice sólo para los malos, no para Mis hijos". Suena ridículo, ¿verdad? Él no dijo aléjense de allí. Él les dijo: "Es para ustedes", y *"el oro de aquella tierra es bueno"* (Versículo 12). Dios ha estado tratando de poner el buen oro en nuestras manos desde el principio de los tiempos. ¡Tomémoslo!

Rompiendo la maldición de la pobreza

Cuando tiene que ver con romper personalmente la maldición de la pobreza, usted puede encontrar algunos desafíos en las personas que lo rodean. Estas citas lo dicen bien:

> La persona que escoge aumentar entiende que vivimos en un mundo hostil, que estamos sumergidos en la mediocridad, pero escogemos vivir de manera diferente. —Charles Swindoll

> Los grandes espíritus encontrarán violenta oposición de las personas mediocres. —Albert Einstein

El *Diccionario Actual de la Lengua Española* recoge esta definición de pobreza: "Calidad de pobre (que no tiene...lo necesario para vivir...humilde, de poco valor o entidad)...Dejación voluntaria de todo lo que se posee, de la cual hacen voto solemne los religiosos el día de su profesión. Falta de magnanimidad, de gallardía". Otros interpretan la pobreza como que se tiene poco o ningún medio de sostenerse uno mismo o a otros; falta de calidad, falta de productividad; ser inferior; falta de placer, falta de comodidad, o falta satisfacción de la vida; falta de dinero o posesiones materiales.

Otra vez, muchas veces las personas piensan que la pobreza y el ser hijo de Dios son sinónimos. Hace unos años fui a una cacería de osos en Alaska. Más tarde me di cuenta que la voz se había corrido por todo el campamento de que un predicador estaba por llegar. Esta no era una caza barata, la mayoría de los hombres en las cabañas eran mayores que yo y la mayoría habían sido exitosos en sus propios negocios. Yo noté una extraña actitud cuando entré al campamento y pronto me di cuenta por qué. A la siguiente semana, uno por uno de estos hombres llegaron privadamente a mí preguntándome: "¿Así que usted es pastor?" "Sí". "¿Un pastor cristiano?" "Sí". Y luego la pregunta que todos tenían en mente: "Bueno, si usted es cristiano, ¿cómo es que tiene los medios para venir a una cacería como esta?" Allí estaba el pensamiento de que todos los cristianos tienen que ser pobres para ser buenos cristianos. Cada uno de estos hombres me dijo la manera cómo ellos lo entenderían, si ellos llegaran a ser cristianos, ellos tendrían que dejar todo lo que tenían (el antiguo voto de pobreza). Yo después les expliqué que Dios daba, no quitaba, que Él quería bendecir lo que ellos tenían, no quitárselos, casi todos ellos oraron conmigo y le pidieron al Señor que entrara en sus vidas.

¿Por qué está almacenada la riqueza de los malos? No la hemos reclamado todavía. Recuerde: *"mi pueblo pereció porque le faltó conocimiento"* (Oseas 4:6). Hageo 2:8–9, dice: *""Mía es la plata, y mío es el oro, dice Jehová de los ejércitos. La gloria postrera de esta casa será mayor que la primera, ha dicho Jehová de los ejércitos; y daré paz en este lugar, dice Jehová de los ejércitos".* Dios dice que toda la plata es Suya, todo el oro es Suyo, y le place a nuestro buen Padre darnos el reino. Primera de Corintios 10:26 nos dice que todo lo que vemos alrededor nuestro le pertenece a Dios. Todos los comercios, casas, tierras y aun todo aquello que usted no puede ver le pertenece a Padre, y Él quiere ponerlo

> *La riqueza de los inicuos está almacenada porque no la hemos reclamado.*

en nuestras manos. Mire lo que dice 3ra Juan 2: *"Amados, yo deseo que tú seas prosperado en todas las cosas, y que tengas salud, así como prospera tu alma".* Dios desea que usted, por sobre todas las cosas, sea prosperado. ¿Se da cuenta usted que Dios lo ha ungido con poder para obtener riqueza?

Guardarás, pues, los mandamientos de Jehová tu Dios, andando en sus caminos, y temiéndole. Porque Jehová tu Dios te introduce en la buena tierra, tierra de arroyos, de aguas, de fuentes y de manantiales, que brotan de vegas y montes; tierra de trigo y cebada, de vides, higueras y granados; tierra de olivos, de aceite y de miel; tierra en la cual no comerás el pan con escasez, ni te faltará nada en ella; tierra cuyas piedras son hierro, y de cuyos montes sacarás cobre. Y comerás y te saciarás, y bendecirás a Jehová tu Dios por la buena tierra que te habrá dado. Cuídate de no olvidarte de Jehová tu Dios, para cumplir sus mandamientos, sus decretos y sus estatutos que yo te ordeno hoy; no suceda que comas y te sacies, y edifiques buenas casas en que habites, y tus vacas y tus ovejas se aumenten, y la plata y el oro se te multipliquen, y todo lo que tuvieres se aumente...Y digas en tu corazón: Mi poder y la fuerza de mi mano me han traído esta riqueza. Sino acuérdate de Jehová tu Dios, porque él te da el poder para hacer las riquezas, a fin de confirmar su pacto que juró a tus padres, como en este día. (Deuteronomio 8:6–13, 17–18)

Dios quiere traerle a usted abundancia, riqueza y prosperidad. Él quiere llevarlo a usted a la tierra donde no le falte nada, donde no hay escasez. Él es puede proveerle *"medida buena, apretada, remecida y rebosante"* (Lucas 6:38). Deuteronomio 8:8–13, dice: *"No sea que comas y te sacies, y edifiques buenas casas en que habites, y tus vacas y tus ovejas se aumenten, y la plata y el oro se te multipliquen, y todo lo que tuvieres se aumente..."* Dios espera que Su pueblo prospere. Nótese que usted no está construyendo casas para que algún otro viva en ella, sino para que usted viva en ella. Sus hatos y sus manadas se multiplican, lo que se traduce en éxito en sus negocios. Esta prosperidad viene con una advertencia: *"Sino acuérdate de Jehová tu Dios, porque él te da el poder para hacer las riquezas"* (Versículo 18). Es Dios mismo quien le da a usted el poder y la unción para obtener riqueza.

[Jesucristo] nos hizo reyes y sacerdotes para Dios, Su Padre; a él sea gloria e imperio por los siglos de los siglos. Amén. (Apocalipsis 1:6)

He sido ungido por Dios para llevar Su Palabra, Su mandato, Su visión a nuestra iglesia aquí en Dallas cada domingo. Yo sé que nosotros estaríamos de acuerdo que como pastor, sacerdote, Dios espera de mí que Le pida una unción para hacer lo que Él me ha dotado para hacer. Mi unción es para ser sacerdote; su unción es para ser rey. El sacerdote lleva la visión. El rey trae la provisión. Sé que todos hacemos ambas cosas hasta cierto punto. Todos somos reyes y sacerdotes, pero pienso que usted captó mi punto. Cada día espero que Dios me unja para estudiar, orar, enseñar, predicar, escribir un libro o aconsejar. Dios quiere que clame por Su poder cada día. ¡Usted también! Él le ha ungido a usted para que sea una madre, un padre, un esposo, una esposa, una persona de negocios. Dios le ha ungido a usted para que haga negocios, que haga dinero y que mueva la riqueza de los malos hacia las manos de los justos.

> *Al Padre le place darle a usted el Reino.*

"Y mi alma se alejó de la paz, me olvidé del bien, y dije: Perecieron mis fuerzas, y mi esperanza en Jehová" (Lamentaciones 3:17–18). No hay nada espiritual acerca de estar sin dinero y con deuda. De hecho, es difícil sentirse espiritual cuando no hay una hamburguesa que darle a su ayudante, o ha perdido su negocio, su carro o su hogar. No estoy hablando de amar al dinero más que a Dios. Lo que estoy diciendo es que porque usted ama a Dios, al Padre le place darle a usted el reino. Y no quiero decir que apenas va a sobrevivir. Él es

su padre, y Él es el Dios de treinta, sesenta y de céntuplos (Véase Marcos 4:8). Él no es el Dios de apenas lo suficiente, Él es el Dios de lo más que suficiente. Él no es el Dios de "apenas sobrevivir", sino que Él es el Shadai—el que hace rebozar Su bendición en usted.

Eclesiastés 10:19, dice: *"Por el placer se hace el banquete, y el vino alegra a los vivos; y el dinero sirve para todo"*. Salomón, el hombre más sabio que jamás haya vivido, dijo que el dinero servía para todo. Para algunos eso puede parecer carnal, pero yo no dije eso. Fue la Palabra de Dios. El dinero sirve para todas las cosas. Con el dinero se pone gasolina al vehículo y comida en el refrigerador; el dinero pone techo sobre su cabeza y enciende las luces. El dinero le permite a usted llevar a su familia de vacaciones y comprar un nuevo auto. Nuestro Padre no solamente quiere darnos lo que necesitamos, sino lo que nos haría feliz. Uno de mis más grandes triunfos se dio cuando fui libre de la maldición religiosa de la pobreza. ¿Por qué no la rompe usted ahora mismo? La Biblia nos enseña en Proverbios 23:7 que el hombre es como piensa en su corazón. De nuevo, Dios está diciendo: *"Conforme a vuestra fe os sea hecho"* (Mateo 9:29). Si nosotros pensamos que Dios es un Dios bueno, entonces estamos en lo correcto. Si nosotros pensamos que Él es un capataz duro, entonces no estaremos en capacidad de recibir la abundancia, el desbordamiento que nuestro Padre está esperando liberar para nosotros.

En un capítulo anterior, le hablé del poder de la palabra. Esto es especialmente cierto cuando aquellas palabras son dadas por medio de alguien con autoridad espiritual. Cuando dejé la denominación de la iglesia donde Tiz y yo estuvimos por muchos años, yo salí del grupo, pero tomó cierto tiempo para que las palabras de pobreza se fueran de mí.

Un día, mientras pastoreaba en Portland, Oregon, un hombre en nuestra iglesia solicitó verme después del servicio. Cuando entramos a mi oficina para hablar, él comenzó a contarme cómo su vida, su matrimonio y su negocio habían sido bendecidos por nuestro ministerio. Para demostrar su aprecio, quería darme algo. ¡*Magnífico*, pensé, *que hombre tan amable*! Pero nunca esperé qué clase de regalo sería. Él se metió la mano al bolsillo y sacó el juego de llaves de un auto y me las dio. Yo las miré y vi que no eran las llaves de cualquier vehículo, sino de un Mercedes Benz. Yo quedé impresionado. "¿Qué es esto?", pregunté. Él dijo: "Son para usted, pastor. Dios me dijo que se lo diera a usted, y esta es mi manera de darle las gracias". Quisiera decirle a usted que Tiz y yo regresamos a casa ese día manejando un nuevo Mercedes negro, pero no fue así. Le regresé las llaves y le dije: "Gracias, hermano. Ese es el mejor regalo que alguien jamás me haya dado. Pero no puedo aceptarlo". Él me preguntó por qué, y yo le dije: "¿Qué diría la gente viendo a un pastor manejando un Mercedes Benz?"

¡La tradición religiosa! Nosotros nunca parpadearíamos al ver a un hombre de negocios, un jugador de basketball o un jugador de football manejando un Mercedes Benz. ¡Pero un pastor o un cristiano! ¿Por qué nos molestaría eso? Diríamos: "¡Alabado sea Dios! ¡Mira lo que el Señor ha hecho por mi hermano!" La Biblia dice que Dios no hace acepción de personas.

En el judaísmo, los rabinos nos enseñan que cuando Dios nos permite ver u oír de la bendición en la vida de alguien, es para poner esa semilla en nuestros corazones. Comprendemos que si Dios lo ha hecho para ellos, y nosotros lo hemos visto, ¡entonces nosotros seríamos los próximos! Sin embargo, yo no sabía entonces lo qué le estoy diciendo ahora. Nuestro

Padre celestial no es pobre. Él no es miserable. Él no vive con un presupuesto, y tampoco está en malas condiciones. A él le place darle a usted el Reino.

Gracias a Dios, un par de días después, me encontraba en una conferencia bíblica con hombres que entendían la prosperidad de Dios. Mientras estábamos en el almuerzo y durante la conversación, de algún modo salió que alguien hacía un par de días me había tratado de regalar un Mercedes Benz. Algunos de los pastores me miraron y dijeron: "¿No son maravillosos? ¿Se manejan excelentemente? Esos son los mejores carros del mundo". Yo les dije que no sabía. Que no lo estaba manejando. Ellos me miraron y dijeron: "¿Qué te pasa? Dios está tratando de darte Su bendición para liberar en tus manos Su reino".

> *¿Qué ha querido Dios concederle a usted? ¿Un aumento de salario? ¿Un auto nuevo?*

Cuando regresé a la iglesia, no me podía concentrar en la Palabra de Dios. Me mantuve mirando a la multitud para ver donde estaba ese hombre. Cuando finalmente lo vi, lo miré y le dije: "¿Todavía tiene aquellas llaves?" Él las sacó y dijo: "¡Concédamelas. Conecte a su hermano!" Ese día, Tiz y yo manejamos hacia casa en un Mercedes Benz. Qué maravilloso es el Dios que usted y yo servimos. ¿Qué ha querido Dios concederle a usted? ¿Un aumento de salario? ¿Un bono? Talvez Él tiene las llaves de un bonito auto o una nueva casa esperando por usted. ¡Rechace esa enseñanza religiosa que ha puesto una maldición en sus finanzas y libere la abundancia de Dios para su vida!

Un día Tiz y yo estábamos en el aeropuerto de Dallas, Fort Worth. Íbamos camino a varias ciudades para enseñar. Recibimos una llamada telefónica de mi secretaria, y necesitábamos hacer un cambio inmediatamente en nuestro vuelo. Si usted alguna vez ha estado en el aeropuerto de DFW, usted sabe que es un lugar enorme. Yo salí por la puerta más cercana y me encaminé al mostrador a pedir que alguien nos ayudara. Cuando comencé a hablar, la señora detrás del mostrador miró y de momento empezó a saltar, aplaudir y gritar. Luego ella dio la vuelta al mostrador y empezó a abrazar a Tiz y a mí. Yo pensé: "¡Vaya, esta es la aerolínea más amable. Si ellos están contentos porque estoy volando con ellos, unos cacahuates extras no son problema!" Cuando ella se calmó un poco, nos contó que ella había estado viendo nuestro programa de televisión y había leído mi libro acerca de romper las maldiciones familiares: *Free at Last* (Libre al fin). Ella dijo: "Pastor, yo oré con usted en la televisión para romper esa maldición religiosa de pobreza y finanzas en mi vida. Soy la primera persona en la historia de mi familia en poseer una casa propia".

Dios quiere que usted sea el prestador no el que pide prestado. Él quiere que usted le rente a la gente, no que usted rente de ellos. Yo le puedo contar literalmente cientos de historias que han sucedido aquí en Dallas sólo en el último año, de deudas canceladas, dinero que ha sido regresado, negocios comenzando exitosamente, salarios aumentados, bonos, casas, carros—¡y el oro es bueno! Demos el paso final a este capítulo y rompamos la maldición de pobreza por medio de la sangre de Jesús.

Corona de espinas

Este paso final comienza con entender que la pobreza, la escasez y la deuda no son ni nunca han sido parte del plan de Dios para Sus hijos. La pobreza y la escasez son parte de la maldición.

Y al hombre dijo: Por cuanto obedeciste a la voz de tu mujer, y comiste del árbol de que te mandé diciendo: No comerás de él; maldita será la tierra por tu causa; con dolor comerás de ella todos los días de tu vida. Espinos y cardos te producirá, y comerás plantas del campo. Con el sudor de tu rostro comerás el pan hasta que vuelvas a la tierra, porque de ella fuiste tomado; pues polvo eres, y al polvo volverás. (Génesis 3:17–19)

El plan de Dios para Sus hijos era el de vivir en abundancia. El jardín del Edén fluía, si cabe decir, leche y miel. Era una tierra rica, una tierra bendecida. Pero por causa de la desobediencia de Adán a la palabra de Dios, Él sacó a Adán y a Eva del huerto y maldijo la tierra con espinas y cardos.

No quiero tomar mucho tiempo en esta parte, pero no puedo seguir sin colocar el fundamento de la prosperidad. Si usted no diezma y además ofrenda, dice Malaquías que usted es maldecido con maldición. Ahora bien, el propósito de este libro no es enseñarle a usted a dar, sino romper la maldición en aquellos que ya están dando. Permítame tomar un momento para explicar la Palabra de Dios.

Porque yo Jehová no cambio; por esto, hijos de Jacob, no habéis sido consumidos. Desde los días de vuestros padres os habéis apartado de mis leyes, y no las guardasteis. Volveos a mí, y yo me volveré a vosotros",ha dicho Jehová de los ejércitos. Mas dijisteis: ¿En que hemos de volvernos? ¿Robará el hombre a Dios? Pues vosotros me habéis robado. Y dijisteis: ¿En que te hemos robado? En vuestros diezmos y ofrendas. Malditos sois con maldición, porque vosotros, la

nación toda, me habéis robado. Traed todos los diez-
mos al alfolí y haya alimento en mi casa; y probadme
ahora en esto, dice Jehová de los ejércitos, si no os
abriré las ventanas de los cielos, y derramaré sobre
vosotros bendición hasta que sobreabunde. Repren-
deré también por vosotros al devorador, y no os des-
truirá el fruto de la tierra, ni vuestra vid en el campo
será estéril, dice Jehová de los ejércitos. Y todas las
naciones os dirán bienaventurados; porque seréis tie-
rra deseable, dice Jehová de los ejércitos.

(Malaquías 3:6–12)

Primero, Dios no ha cambiado. El diez por ciento aún es Suyo, así como el Árbol del conocimiento del Bien y el Mal. Dios dijo: "Ustedes pueden tomar el resto, pero esto es Mío".

Y mandó Jehová Dios al hombre, diciendo: "De todo
árbol del huerto podrás comer, más del árbol de la
ciencia del bien y del mal no comerás; porque el día
que de él comieres, ciertamente morirás.

(Génesis 2:16–17)

"El día que comiereis de él, moriréis". Ahora, usted puede decir: "Pero Larry, Adán y Eva comieron de él, pero no murieron". Si murieron. Talvez no murieron físicamente en el momento, pero ellos murieron a las bendiciones de Dios y lo hicieron por voluntad propia. Esto es lo que sucede cuando le robamos a Dios de Sus diezmos. Dios dijo: "Todo el resto es de ustedes, pero no se coman lo que Me pertenece a Mí. Si lo hacen, ustedes están malditos con maldición". ¿Qué significa esto para nosotros eso? El mundo en que vivimos está maldito. Nos rodean las deudas, la pobreza y la escasez.

Hoy en día, parece normal e incluso aceptable que las personas roben, mientan, engañen—es la supervivencia del más fuerte. Dios nos dice: "Dame Mi árbol, Mi diezmo, y proveeré para ti en Mi huerto, Mi reino. Mas si comes de Mi árbol, de Mi diezmo, entonces se las arreglarás tú solo". Adán y Eva tuvieron que salir del huerto y trabajar por su propia cuenta. Nuestros diezmos y ofrendas a Dios mantienen la maldición de escasez y deudas alejada de nosotros. Recuerde, estamos en este mundo, pero no somos de él. Cuando obedecemos a Dios con nuestros diezmos y ofrendas, las limitaciones de este mundo son quitadas, y la provisión sobrenatural de Dios desciende sobre nosotros. Dios abre las ventanas de los cielos y derrama bendiciones que nosotros no podemos contener. Luego Él dice que hay aun más. Malaquías 3:11 dice que Él reprenderá al devorador por amor de nosotros. Él romperá esa maldición, ese espíritu, que destruye nuestras finanzas.

> *Cuando diezmamos, Dios abre las ventanas de los cielos y derrama bendiciones.*

Permítame mostrarle algo que cambiará su vida. Cuando Adán y Eva desobedecieron a Dios, ellos se convirtieron en malditos, y Dios maldijo la tierra con espinas y cardos.

> *Y al hombre dijo: Por cuanto obedeciste a la voz de tu mujer, y comiste del árbol de que te mandé diciendo: No comerás de él; maldita será la tierra por tu causa; con dolor comerás de ella todos los días de tu vida. Espinas y cardos te producirá, y comerás plantas del campo. Con el sudor de tu rostro comerás el pan hasta que vuelvas a la tierra, porque de ella fuiste tomado; pues polvo eres, y al polvo volverás. (Génesis 3:17–19)*

¿Se ha preguntado alguna vez por qué no ve la prosperidad que la Biblia promete? Usted ora, usted diezma fielmente y además da ofrendas. Usted cree en la Palabra de Dios; usted entiende el tiempo de sembrar y el tiempo de cosechar (Véase Génesis 8:22). Pero usted ha llegado a desanimarse porque ha plantado cantidad de semillas, pero no ha visto mucha cosecha. Recuerde esto: "Tenemos que quitar la hierba o ella arruinará la cosecha." Déjeme mostrarle como hacer eso.

Primera de Pedro 1:18–19 dice: *"Sabiendo que fuisteis rescatados de vuestra vana manera de vivir, la cual recibisteis de vuestros padres, no con cosas corruptibles, como oro o plata, sino con la sangre preciosa de Cristo."* Y Apocalipsis 5:9 dice: *"Y cantaban un nuevo cántico, diciendo: Digno eres de tomar el libro y de abrir sus sellos; porque tú fuiste inmolado, y con tu sangre nos has redimido para Dios, y de todo linaje y lengua y pueblo y nación."* Finalmente, en Gálatas 3 se lee:

> *Cristo nos redimió de la maldición de la ley, hecho por nosotros maldición (porque escrito está: Maldito todo el que es colgado en un madero), para que en Cristo Jesús la bendición de Abraham alcanzase a los gentiles, a fin de que por la fe recibiésemos la promesa del Espíritu.* (Gálatas 3:13–14)

Quiero prestar especial atención al hecho de que hemos sido redimidos por la sangre de Jesús. Muchos cristianos no entienden el significado de la sangre de Jesús. Miremos especialmente lo que se nos está enseñando en Gálatas 3: que hemos sido redimidos; se ha pagado un rescate por nosotros; hemos sido rescatados de la maldición de la ley que nosotros mismo hemos quebrando. Porque "maldito todo el que es colgado de un madero". Jesús no sólo vino a perdonar nuestros pecados; Él tampoco vino sólo para romper aquellas maldiciones que pesaban sobre nuestras vidas y la de nuestras familias. Él nos amó tanto, que vino a redimirnos para que regresáramos al amor y a las promesas de Dios para que así las bendiciones de Abraham pudieran venir sobre nosotros (Véase el versículo 14).

Usted es redimido. Usted ha sido reconectado a la prosperidad de Dios por medio de la sangre del Cordero. ¿Recuerde que le dije al principio de este libro que la mayoría de los cristianos no saben acerca de la sangre de Jesús? Jesús no sólo derramó Su sangre una vez en el Calvario, sino que Él, durante Su sufrimiento, derramó Su sangre en siete ocasiones diferentes.

Miremos ahora el lugar donde Jesús derramó Su sangre para pagar el precio de romper la maldición de pobreza que pesaba sobre usted. *"Y pusieron sobre Su cabeza una corona tejida de espinas, y una caña en Su mano derecha; e hincando la rodilla delante de Él, le escarnecían diciendo: "¡Salve, Rey de los judíos!"* (Mateo 27:29). En Génesis 3, cuando Adán y Eva trajeron la maldición de pobreza al mundo, Dios maldijo la tierra con espinas y cardos. La corona de espinas que aquellos soldados pusieron en la cabeza de nuestro Salvador era símbolo de la maldición de pobreza.

"Con el sudor de tu rostro comerás" (Génesis 3:19). ¿Qué le está diciendo Dios a la humanidad? "Hasta ahora, todo lo que hiciste, todo lo que pusiste en sus manos, Yo lo bendigo. Yo he sido Jehová Yiré, tu Proveedor. Pero ahora tú vas por tu propia cuenta. Por causa de Mí, dice el Señor: "Tú ibas a vivir placenteramente, pero ahora, vivirás con el *'sudor de tu rostro'*. En otras palabras, Adán, no es cuestión de cuán duro trabajarás de aquí en adelante, tu sudor te recordará

la maldición de pobreza que has traído sobre ti mismo y el mundo".

Cuatro mil años más tarde, los soldados tomaron las espinas y tejieron una corona, y la empujaron en la frente de Jesús. Aquellas espinas medían de tres a tres y media pulgadas de largo, y tan puntiagudas como agujas. Justo entonces, lo que Satanás destinado para el mal, Dios estaba por usar para el bien, para romper la maldición de "no hay suficiente". Estábamos malditos por medio de las espinas de pobreza en el huerto del Edén; estábamos malditos por medio del sudor de la frente de Adán; sin embargo, mientras esa corona era empujada en la cabeza de Jesús, ellas penetraron cortantes en Su frente y de allí fluyó Su preciosa sangre redentora. ¡Y la maldición de pobreza sobre usted y sobre mí fue rota para siempre! Permítame decirle esto una vez más. Para Adán, la zarza con espinas era una señal de pobreza; el sudor de su frente era una señal de pobreza. Adán desobedeció a Dios en el huerto llamado Edén. Cuatro mil años más tarde, en otro jardín, llamado Getsemaní, Jesús obedeció a Dios. Los soldados tomaron las espinas y las pusieron en la cabeza de Jesús. Fuimos maldecidos por medio de las espinas en el jardín del Edén, mas somos redimidos por aquellas espinas en la frente de Jesús. Hemos sido redimidos por la sangre del Cordero. Hemos sido traídos de regreso a la prosperidad por medio de la sangre en la cabeza de Jesús.

> *Somos redimidos de la pobreza por medio de las espinas en la cabeza de Jesús.*

Mientras concluyo este capítulo, permítame animarle a recibir la revelación del poder de la sangre ahora mismo.

Desde que Tiz y yo hemos estado sirviendo al Señor, jamás hemos dejado de dar nuestro diezmo. O quizás debería decir que nosotros no sólo hemos pagados nuestros diezmos, porque además, Dios recibe ofrenda. Pero durante los primeros diecisiete años de nuestro matrimonio y ministerio, vivimos en pobreza. No porque Dios haya cambiado de pensamiento, sino porque estábamos siendo destruidos por nuestra falta de conocimiento y entendimiento. Aprendimos que Dios no era pobre. Encontramos que el dinero no es malo. Descubrimos que nuestro Padre es dueño de millares de animales en los collados; Él incluso es dueño de esos collados, del oro, de la plata y del aceite que se encuentra en esos collados. Él se complace en darnos el Reino. Encontramos que Él es el -Shadai—nuestro escudo, protector y que Él almacena bendiciones para nosotros. Por medio de la sangre de Jesús, Tiz y yo rompimos la maldición de la escasez: la maldición familiar, la maldición religiosa y la maldición que está sobre este mundo. Usted y yo vivimos en este mundo, pero no estamos limitados a este mundo. Pertenecemos al reino de Dios y somos redimidos por Su sangre.

Oremos ahora, y, yo sé ¡que Dios lo libertará!

Padre: En el nombre de Jesús, vengo ante Ti, ahora. Entro en acuerdo con Larry y Tiz, conforme a Tu Palabra y la sangre de Jesús. Reprendo ahora mismo la maldición y el espíritu de pobreza, escasez, deuda y fracasos. Y, por la sangre de Jesús, derramada a través de la corona de espinas, esa maldición queda rota y revertida. Yo recibo todo aquello que debió haber sido de mi familia por generaciones. Recibo ahora la lluvia tardía y la temprana.

¡Recibo prosperidad y abundancia en el nombre de Jesús! Amén.

Alabe a Dios, usted ya es libre, y a quien el Hijo liberta, ¡es libre de verdad! La maldición ha sido eliminada y la bendición ha sido liberada.

Quinto paso para eliminar la maldición y liberar la bendición

¡Oh gálatas insensatos! ¿Quién os fascinó para no obedecer a la verdad, a vosotros ante cuyos ojos Jesucristo fue ya presentado claramente entre vosotros como crucificado?
—Gálatas 3:1

Capítulo cinco

Brujería—Es mucho más común de lo que usted piensa

¿Ha echado alguien una maldición sobre usted?

Una de las causas más comunes de maldiciones que encuentro operando en las vidas de las personas viene de alguien que ellos conocen que profirió maldición sobre ellos. Necesitamos recordar el poder que existe en la palabra expresada. *"La muerte y la vida están en poder de la lengua, y el que la ama comerá de sus frutos"* (Proverbios 18:21). Ya he mostrado cómo la Palabra de Dios dice una y otra vez que nosotros mismos nos maldecimos por las palabras que hablamos; sin embargo, yo quiero enfatizar que una maldición puede venir de palabras que otros pronuncian sobre usted—pero solamente si usted se los permite.

No fue sanidad—Una maldición fue rota

Cierta ocasión, una señora y su esposo me pidieron que orara porque ella tenía una enfermedad transmitida sexualmente. Ellos me contaron que ella la había adquirido justo después de casarse. No tenían idea de dónde provino esta enfermedad. Ella la había tenido por unos cuantos años y no había mejorado. Para empeorar el asunto, ellos tuvieron una hija. La niña nació también con la enfermedad. Mientras yo oraba por ellos, Dios puso un pensamiento en mi espíritu: "¿Quién los hechizó?", pregunté. Ellos no sabían lo que yo quería decir. "En su boda, ¿alguien se enojó con ustedes? ¿Hablaron ellos alguna maldición sobre ustedes?" Ellos me contaron que la familia de ella no estaba contenta de que se hubieran casado. En su boda su abuela la llamó de cierta manera que básicamente significa prostituta, y le dijo: "Y tus hijas serán lo mismo". Pocos días más tarde ella se despertó con esta enfermedad transmitida sexualmente que estaría asociada con aquel nombre. Oramos juntos y se rompió la maldición de palabras proferidas sobre ella y su niña. Ella y su esposo vinieron al servicio la noche siguiente y me contaron su historia de que había sido liberada de su enfermedad. El siguiente día ella fue al doctor con su niña. Ella y su niña ya no tenían señales de la enfermedad. Esto puede ser difícil de entender para muchas personas; no obstante, yo vea este tipo de cosas todo el tiempo.

> *Nuestras palabras tienen el poder de la vida y de la muerte.*

También oré por una pareja que habían tenido cinco negocios fracasados. Cada vez todo iba bien, las cosas parecían realmente bien, y de pronto el desastre los azotaba. Yo les hice la misma pregunta: "¿Quién habló de fracaso en ustedes?" Encontré una vez más, que uno de los padres estaba inquieto por el matrimonio. "Él jamás logrará algo. Ustedes siempre estarán en la quiebra. Él es un perdedor". Oramos y rechazamos la maldición de aquellas palabras expresadas. Ellos ahora tienen un negocio próspero y les está yendo mejor que antes.

Sé que es muy difícil para muchas personas aceptar que alguien echarnos una maldición; sin embargo, ¡ocurre si usted los permite! Las palabras tienen el poder de la vida y de la muerte, especialmente si aquellas personas están en una posición de autoridad.

La *Concordancia Strong* define *brujería* como "medicación, magia, hechicería—un boticario, un envenenador". Miremos esa última definición. "Un envenenador", alguien que lo envenenó a usted. Si alguien le ha dado veneno a usted, usted debe escupirlo. ¿Le ha envenenado alguien su matrimonio, su dinero, y aun a sus hijos? ¡Escupa ese veneno!

Y manifiestas son las obras de la carne, que son: adulterio, fornicación, inmundicia, lascivia, idolatría, hechicerías, enemistades, pleitos, celos, iras, contiendas, disensiones, herejías. (Gálatas 5:19–20)

Sabemos que la idolatría, el adulterio, la contienda y demás, no sólo son reales sino que todavía se ven en la actualidad. También lo es la hechicería—o brujería. He orado por tantas personas que estaban viviendo bajo una maldición que había estado bloqueando sus bendiciones debido a las palabras que personas profirieron sobre ellas.

Desde África

Hace poco, en una de mis "Semanas de Liberación", uno de los miembros de mi personal me trajo a un hombre que había venido desde tan lejos como Nigeria, África. Descubrí que era el jefe de una aldea y que ellos habían reunido todo su dinero para enviarlo a él a Dallas para que rompiera todas las maldiciones de su pueblo. Durante tres años habían soportado una terrible sequía. El ganado estaba muriendo, la gente también estaba muy enferma. Para no hacer larga la historia, alguien los había maldecido. Esta persona había proferido enfermedades y sequía para la aldea. Antes de que él regresara a casa, las lluvias habían llegado y ya no había sequía. Él nos escribió diciendo que no tan sólo sus ganados y cosechas estaban mejor que nunca, ¡sino que la enfermedad que había también desapareció de la aldea!

Gálatas 3:1 dice: *"... ¿Quién os fascinó [hechizó, NVI] para no obedecer a la verdad, a vosotros ante cuyos ojos Jesucristo fue ya presentado claramente entre vosotros como crucificado?* El *Diccionario de la Real Academia Española* define *hechizar* como "ejercer un maleficio sobre alguien por medio de prácticas supersticiosas". La verdad es que Dios quiere que usted sea exitoso no un fracasado. ¡La verdad es que su matrimonio, sus hijos y su negocio triunfarán! Pero debemos recibir la verdad de la Palabra de Dios y rechazar cualquier palabra que no esté de acuerdo con ella.

Cuando Tiz y yo pastoreábamos en Australia, tuvimos el gran placer de pastorear a muchas culturas diferentes, incluyendo gente aborigen. Ellos nos contaban cómo muchas veces habían visto a las personas morir por medio del canto. Una persona cantó una maldición para alguien y, en cuestión de unos días, esa persona simplemente moriría. ¿Cómo? ¿Podrían las palabras tener ese poder? Veamos lo que Jesús nos enseñó en Marcos 11:

> *Al día siguiente, cuando salieron de Betania, tuvo hambre. Y viendo de lejos una higuera que tenía hojas, fue a ver si tal vez hallaba en ella algo; pero cuando llegó a ella, nada halló sino hojas, pues no era tiempo de higos. Entonces Jesús dijo a la higuera: Nunca jamás coma nadie fruto de ti. Y lo oyeron Sus discípulos. Y pasando por la mañana, vieron que la higuera se había secado desde las raíces.*

Entonces Pedro, acordándose, le dijo: Maestro, mira, la higuera que maldijiste se ha secado.

(Marcos 11:12–14, 20–21)

Él pudo haber orado para que el árbol de higuera produjera frutos. Todos entendemos que este pasaje (también véase Mateo 21:18–21) es una gran lección del poder que tenemos en la oración. *"Por tanto, os digo que todo lo que pidiereis orando, creed que lo recibiréis, y os vendrá"* (Marcos 11:24). Jesús nos mostró dos lados de la misma moneda. "La vida y la muerte" están en el poder de la lengua (Véase Proverbios 18:21). En vez de hablar vida, Él habló muerte; en vez de bendecir, maldijo. Todos nosotros reconocemos fácilmente el poder de las palabras positivas y la oración positiva,

Somos hechos a la imagen de Dios, tenemos la facultad de bendecir o de maldecir.

pero necesitamos entender el poder de nuestras palabras para maldecir y traer muerte. Siempre me he preguntado por qué Jesús, quien es una persona positiva, no le habló al árbol para que produjera fruto. En vez de eso, Él expresó una maldición, porque estaba tratando de enseñarnos que usted y yo, que somos hechos a la imagen de Dios, tenemos la facultad de expresar bendición, pero también tenemos la facultad de expresar maldición.

Y a ti te daré las llaves del reino de los cielos; y todo lo que atares en la tierra será atado en los cielos; y todo lo que desatares en la tierra será desatado en los cielos. (Mateo 16:19)

Necesitamos asegurarnos de no "atar" nuestras finanzas, nuestras sanidades, nuestros matrimonios o nuestros hijos por medio de las palabras que decimos. Necesitamos ser igualmente conscientes de que no podemos dejar que otros nos aten por medio de las palabras que nos profieran.

No puedo contarle cuantas personas están desempeñándose bajo una maldición porque incluso sus pastores han expresado una maldición sobre sus vidas. "Si se va de esta iglesia o de esta denominación, Dios hará que usted la pague. Sus hijos se desviarán, usted tendrá cáncer, su matrimonio o negocio fracasará". ¡Eso es brujería, simple y llanamente!

> *Pero había un hombre llamado Simón, que antes ejercía la magia en aquella ciudad, y había engañado a la gente de Samaria, haciéndose pasar por algún grande. A éste oían atentamente todos, desde el más pequeño hasta el más grande, diciendo: Este es el gran poder de Dios. Y le estaban atentos, porque con sus artes mágicas les había engañado mucho tiempo.* (Hechos 8:9–11)

Si alguien le dice que Dios lo maldecirá porque usted no pertenece a su iglesia o denominación, entienda que esa no es una iglesia. ¡Es una secta! Usted debe salir, reprender cada palabra que ellos digan y clamar que la sangre de Jesús le cubra cada área de su vida y la de su familia.

En los últimos días

Quiero mirar algo más que creo necesita ser observado.

> *Y en los postreros días, dice Dios, derramaré de mi Espíritu sobre toda carne, y vuestros hijos y vuestras hijas profetizarán; vuestros jóvenes verán visiones, y vuestros ancianos soñarán sueños; y de cierto*

sobre mis siervos y sobre mis siervas en aquellos días derramaré de mi Espíritu, y profetizarán.

(Hechos 2:17–18)

Hablemos de la profecía en la iglesia. Creo, de todo corazón, que cuando más cerca estemos de la segunda venida de Jesús, el Dios Todopoderoso derramará Su Espíritu y Su unción. Sin dudar, creo en la profecía y en las palabras de sabiduría y ciencia.

Cuando recién me convertí, pasé por un ataque real del diablo. Yo estaba por darme por vencido, irme a casa y dejar el servicio a Dios. Nadie supo lo que me sucedió ese día, nadie excepto Dios. Lo que sucedió fue que allí esa noche estaba comenzando un avivamiento en nuestra iglesia. Decidí ir al templo una vez más, antes de alejarme al día siguiente. Cuando entré a la iglesia, el evangelista visitante ya estaba predicando. Mientras caminaba a la parte trasera de la iglesia para sentarme, él dejó de predicar y me llamó al frente. Él entonces comenzó a darme una palabra de profecía que solamente podía venir de Dios. Él me profetizó que el enemigo estaba luchando conmigo porque Dios tenía un llamado poderoso en mi vida. Él me habló de que Dios me había llamado, para predicar, desde que estaba en el vientre de mi madre y que Él tenía un gran futuro para mí. Él me dijo que no me desanimara pues todas las cosas obran para bien en aquellos que aman a Dios y que Dios ya había cambiado la situación que me rodeaba.

La palabra de Dios cambió mi vida e hice un compromiso con Dios de servirle a Él para siempre, sin importar lo que viniera. La siguiente noche, en vez de alejarme de Dios, me fui a la iglesia. Esa noche, Tiz vino a la iglesia ¡y fue salva! ¡Mi destino estaba sellado! ¡Y lo demás es designio! Yo no sé si yo estuviera aquí ahora si Dios sobrenaturalmente no hubiese usado aquel hombre para que me hablara esa noche. Únicamente pienso en lo que yo hubiera perdido—Tiz, mis hijos y mis nietos ¡y todo mi destino! Fue la voz profética de Dios la que me salvó ese día.

A través de los años, he recibido muchas palabras poderosas de profecía y agradezco a Dios por ellas. Tiz y yo nos trasladamos a Dallas para iniciar una nueva iglesia justo al año de estar escribiendo este libro. Después de dieciséis años maravillosos de estar pastoreando a unas de las mejores gentes de la tierra, Dios estaba desafiándonos de nuevo. No le habíamos dicho nada a nadie de esto. Una noche, Tiz y yo estábamos enseñando sobre el rompimiento de las maldiciones familiares en el programa de TV de Benny Hinn. Después de la grabación, el pastor Benny pidió hablar con Tiz y conmigo. Él dijo, "es hora de que ustedes salgan de Portland. Ustedes necesitan estar en un local más central para alcanzar al mundo con este mensaje. Dios los quiere a ustedes en Dallas, Texas". Una profecía nunca es una sorpresa. Siempre es una confirmación de algo que Dios ya puso en su espíritu. Estamos hoy aquí, en Dallas, por la profecía de un hombre de Dios que confirmó algo que Dios ya le había dicho a nuestros espíritus.

Permítame que repita, creo con todo mi corazón que Dios usa a hombres y mujeres para hablar espiritualmente a la vida de otras personas. Sé que en una gran parte de mi ministerio está Dios mostrándome cosas que yo pueda hablar a otras personas en palabra de sabiduría o palabra de ciencia. Ahora, habiendo dicho eso, hay veces en que este don ha sido abusado. Al igual que he visto a Dios usando hombres y mujeres para darme un consejo de Dios a su debido tiempo, también se me han dado muchas profecías falsas. Sólo porque alguien dice: "Así dice el Señor", no quiere decir que eso proviene de Dios.

Cuando Tiz y yo nos trasladamos por primera vez a Portland, Oregon, para iniciar una iglesia, fuimos a una conferencia bíblica. Un pastor me llamó aparte y empezó a profetizarme. "Así dice el Señor, empaca tus maletas—este no es el lugar para ti. A Sur América es a donde Te he llamado". Aunque esto fue durante una conferencia bíblica y fue un pastor el que dijo: "Así dice el Señor", supimos en nuestros corazones que esto no era

> *Dios usa a hombres y mujeres para hablar espiritualmente a la vida de otras personas..*

alo que Dios estaba diciéndonos. No era la voz de Dios. Dios levantó una iglesia maravillosa en Portland. Alguien me dio una vez una profecía de que Tiz no era la mujer idónea para mí. Treinta años después, tres hijos y dos nietos (hasta este momento), pienso que ¡tome la mejor decisión!

Únicamente quiero recordarle que, sólo porque alguien dice: "Así dice el Señor", eso no significa que lo que ellos están diciendo proviene de Dios. Una profecía no es algo que le cambia el rumbo a usted, sino una confirmación de una instrucción que Dios ya le dado a usted.

Miremos unos cuantos pasajes:

Porque no hará nada Jehová el Señor, sin que revele su secreto a sus siervos los profetas. (Amós 3:7)

Porque no sois vosotros los que habláis, sino el Espíritu de vuestro Padre que habla por vosotros.
(Mateo 10:20)

Porque en parte conocemos y en parte profetizamos.
(1ʳᵃ Corintios 13:9)

Pero el que profetiza habla a los hombres para edificación, exhortación y consolación. El que habla en lengua extraña, a sí mismo se edifica; pero el que profetiza, edifica a la iglesia. (1ʳᵃ Corintios 14:3–4)

Porque nunca la profecía fue traída por voluntad humana, sino que los santos hombres de Dios hablaron siendo inspirados por el Espíritu Santo.
(1ʳᵃ Pedro 1:21)

Así como Dios tiene lo verdadero, hay también un falso espíritu de profeta del que debemos estar conscientes.

He aquí, dice Jehová: Yo estoy contra los que profetizan sueños mentirosos, y los cuentan, y hacen errar a mi pueblo con mentiras y con sus lisonjas, y yo no los envié ni les mandé; y ningún provecho hicieron a este pueblo, dice Jehová. (Jeremías 23:32)

Porque falsamente os profetizan ellos en mi nombre; no los envié ha dicho Jehová. (Jeremías 29:9)

Guardaos de los falsos profetas, que vienen a vosotros con vestidos de ovejas, pero por dentro son lobos rapaces. (Mateo 7:15)

Asimismo, los profetas hablen dos o tres, y los demás juzguen. (1ʳᵃ Corintios 14:29)

Pero tengo unas pocas cosas contra ti: que toleras que esa mujer Jezabel, que se dice profetisa, enseñe y seduzca a mis siervos a fornicar y a comer cosas sacrificadas a los ídolos. (Apocalipsis 2:20)

El versículo de Apocalipsis es una palabra de Dios muy importante a la que pienso todos nosotros debemos prestarle atención. Dios estaba hablando al ángel o pastor de la iglesia en Tiatira. En el versículo 20, Él dice: "Tengo algo contra ti. Estás permitiendo que se enseñe falsa profecía y que seduzcan a Mi pueblo". Como pastor, cometeré errores, pero como el pastor del rebaño de Dios, necesito dar lo mejor de mi parte para no permitir que los lobos entren y seduzcan a Su rebaño. Soy un predicador de "espíritu, fe y prosperidad" y estoy orgulloso de ello. Pero también reconozco que en muchos casos, hay abuso de los dones de Dios y los dones de la palabra y la profecía se están perdiendo un poco. Estoy de acuerdo absolutamente y 100 por ciento que Dios todavía usa la profecía. Y como dije antes, creo que aún habrá más grande derramamiento en estos últimos días. Pero también convengo con el apóstol Pablo cuando dijo:

> *Y a unos puso Dios en la iglesia, primeramente apóstoles, luego profetas, lo tercero maestros, luego los que hacen milagros, después los que sanan, los ayudan, los que administran, los que tienen don de lenguas. ¿Son todos apóstoles? ¿son todos profetas? ¿todos maestros? ¿hacen todos milagros? ¿Tienen todos dones de sanidad? ¿hablan todos lenguas? ¿interpretan todos?* (1ra Corintios 12:28–30)

Todos debemos asegurarnos de que nuestras vidas no sean manipuladas sólo porque alguien dice: "Tengo una palabra para usted".

La definición que Strong usa para *brujería* es básicamente "fascinar por medio de falsa representación, asentir, afirmar, profesar, decir".

He conocido a muchas personas que han tomado algunas decisiones terribles en sus vidas debido a una supuesta "palabra de Dios". Esto se convierte en una vía demasiado fácil para nosotros decir: "Dios me dijo que le dijera a usted esto". Una vez más, me gusta cuando recibo una palabra de Dios. Pero no tomo todo lo que alguien dice ser "una palabra del Señor". Cuando Tiz y yo nos comprometimos en matrimonio, una señora le dio a ella "una palabra" que Dios no la estaba llamando a ser la esposa de un pastor, sino que Él la estaba llamando al ministerio del canto. Bien, no estoy diciendo que eso no puede pasar, pero déjeme que lo ponga de esta manera: Cuando yo no estoy aquí, no hay nadie más a quien estos hermanos quieran oír predicar sino a Tiz. Sin embargo, en treinta años, nunca ella ha dirigido el servicio, ¿Qué significa eso?

Conozca a los que trabajan con usted

No permita que cualquiera hable a su vida. *"Os rogamos, hermanos, que reconozcáis a los que trabajan entre vosotros, y os presiden en el Señor, y os amonestan"* (1ra Tesalonicenses 5:12). Solamente crea lo que le dicen cuando eso confirma lo que Dios ya ha le dicho a usted y acerca de usted. Hace un par de años yo estaba en una gran iglesia en América del Sur. Me hallaba conversando con una de las parejas del personal cuando su hijo de cinco años se acercó. Yo iba a colocar mis manos sobre su cabeza, solamente para decirle hola, cuando éste se apartó. Su papá le dijo: "Está bien. Este es el Pastor Larry". Él papá me contó que ellos enseñan a sus hijos que no permitieran que cualquiera les impusiera manos. Qué gran protección. El Señor nos enseña: *"No impongas con ligereza las manos"* (1ra Timoteo 5:22). ¿No es igual de importante el no permitir que alguien le imponga las manos para hablar alguna cosa a su vida?

Palabras de bendición

Dios dice: *"...Os he puesto delante la vida y la muerte, la bendición y la maldición; escogeos, pues, la vida"* (Deuteronomio 30:19). Dios quiere que escojamos el camino de la bendición. No deje que alguien hable brujería o maldición sobre su vida o familia, ¡y no lo haga usted tampoco! No maldiga a sus niños. "Él es un estúpido, nunca conseguirá nada". "Esa muchacha con la que se casó, lo dejará algún día". No sea profeta de ruina. No los maldiga, sino hable bendición y tráigales la cosecha de Dios. ¿Sabe usted que como pastor—o un padre o abuelo, etc.—usted está ungido por Dios para pronunciar bendición sobre los hijos que están bajo su cuidado? Mateo 19:13, dice: *"Entonces le fueron presentados unos niños para que pusiese las manos sobre ellos, y orase; y los discípulos les reprendían"*. Los padres trajeron a sus hijos para que Jesús los tocara, para que Él les bendijera a sus hijos.

> *Usted está ungido para pronunciar bendición sobre los hijos que están bajo su cuidado.*

En el servicio de la iglesia de cada viernes por la noche, mientras sacamos a los niños para que vayan a sus clases, todos ellos corren para darnos a Tiz y a mí un abrazo. Hemos estado haciendo esto por años. Hacemos esto por dos razones: Una, dejarles saber que al hombre y a la mujer de Dios se les puede tocar. Si ellos piensan que no se nos puede tocar, entonces ellos pueden pensar que a Dios tampoco se le puede tocar. Dos, queremos tocarlos con la unción de Dios. Qué privilegio que nosotros los pastores podamos tocar a estos preciosos niños con la unción de Dios. Usted puede hacer lo mismo como sacerdote de la familia.

Por la fe bendijo Isaac a Jacob y a Esaú respecto a cosas venideras. Por la fe Jacob, al morir, bendijo a cada uno de los hijos de José, y adoró apoyado sobre el extremo de su bordón. (Hebreos 11:20–21)

Por fe y depositando su plena confianza en las promesas de Dios, Isaac bendijo a Jacob y a Esaú respecto a las cosas futuras. Vemos esto de nuevo en José, quien trajo a sus hijos, Efraín y Manasés, a Jacob para que su abuelo echara bendición sobre ellos.

Pero viendo José que su padre ponía la mano derecha sobre la cabeza de Efraín, le causó disgusto; y asió la mano de su padre, para cambiarla de la cabeza de Efraín a la cabeza de Manasés... Y [Jacob] los bendijo aquel día, diciendo: En ti bendecirá Israel, diciendo: Hágate Dios como a Efraín y como a Manasés. Y puso a Efraín antes de Manasés. (Génesis 48:17, 20)

Cada viernes por la noche tenemos un tiempo de oración y bendición familiar. En hebreo a este tiempo se le llama *Shabbat*. Dios nos instruye a que oremos y pidamos Su bendición sobre nuestras familias. Yo oro por Tiz y leo en Proverbios 31 declarando bendición sobre su vida. Ella lee Salmos 119 declarando bendición sobre la mía. Estamos liberando esas bendiciones, pensamientos espirituales y atributos mutuos. Yo oro por Lucas, mi hijo, y Brandin, mi yerno. También declaro la bendición de Dios sobre mis nietos gemelos—que puedan ser como Efraín y Manasés. Declaro la bendición de Dios sobre mis hijas, Ana y Katie, y Jen, mi nuera—que puedan ser como Rebeca, Raquel, Lea y Sara. Y oro por toda la protección y bendición de Dios para sus vidas. Por medio de estas oraciones, estamos llamando y liberando todas las bendiciones y promesas de Dios sobre nuestras vidas, nuestras familias y nuestros futuros. *"...Sabiendo que fuisteis llamados para que heredaseis bendición"* (1ra Pedro 3:9).

Un rabino le preguntó a Dios: "¿Por qué tengo que imponer manos en las cabezas de mis hijos y bendecirlos?" Dios le contestó: "Cuando tú declaras bendición, Yo tengo libertad para impartir vida".

¿Alguien ha echado una maldición sobre usted, la cual está bloqueando la bendición de Dios? ¿Ha expresado usted algo malo sobre sus hijos, o su esposa? Oremos ahora y rompamos esa maldición.

Padre: Yo cancelo y rompo toda maldición de brujería. En el nombre de Jesús vengo ante Ti ahora. En el nombre de Jesús rompo toda maldición que haya sido echada sobre (coloque aquí el nombre de la persona sobre quien o lo que está afectando la maldición: esposo, esposa, hijos, finanzas, etc.). En el nombre de Jesús y por Su sangre, también rompo toda maldición que yo haya expresado sobre mí y mi familia. En el nombre de Jesús, clamo que no solamente la maldición sea rota, sino que sea revertida. Yo proclamo ahora que soy libre de toda maldición.

Inmediatamente busque sus milagros de triunfo. ¡Usted acaba de eliminar la maldición y liberar la bendición!

Sexto paso para eliminar la maldición y liberar la bendición

*Seis cosas aborrece Jehová, y aun siete abomina Su alma: Los ojos altivos, la lengua mentirosa, **las manos derramadoras de sangre inocente**, el corazón que maquina pensamientos inicuos, los pies presurosos para correr al mal. El testigo falso que habla mentiras, y el que siembra discordia entre hermanos.*
—Proverbios 6:16–19, el énfasis fue añadido

Capítulo 6

Perjuicio al inocente

El rostro oculto de Dios

La primera cosa que quiero aclarar en este capítulo es que no deseo causarle más dolor a nadie. Sin embargo, es muy importante que miremos la maldición que hemos acarreado sobre nosotros mismos y sobre nuestra nación a través del aborto. No digo estas cosas para condenar a nadie. Sé de muchos cristianos maravillosos que han cometido grandes errores en su pasado…y eso nos recuerda a todos de la maravillosa gracia de Dios. Habiendo dicho eso, necesitamos comprender cuán endurecidos hemos llegado a ser con el tema del aborto. Aunque gran parte del mundo ya no le presta atención, sé que Dios todavía lo hace.

Veamos de nuevo lo que dice Proverbios 6:16–19:

Seis cosas aborrece Jehová, y aun siete abomina su alma: los ojos altivos, la lengua mentirosa, las manos derramadoras de sangre inocente, el corazón que maquina pensamientos inicuos, los pies presurosos para correr al mal, el testigo falso que habla mentiras, y el que siempre discordia entre hermanos.

Este es un pasaje favorito entre los pastores cuando tratan con división y chisme dentro de la iglesia. Cuando leemos este pasaje, nuestro énfasis generalmente está en la primera parte del versículo 17. Yo traté este tema en el capítulo sobre el chisme. Pero aquí quiero que miremos la segunda parte del versículo 17: "las manos derramadoras de sangre". Dios aborrece esto—más fuerte aun, es una abominación para Él. Este es uno de los pocos pasajes en la Biblia donde vemos a Dios y el aborrecimiento juntos. Cuando pensamos en Dios, nuestro Padre, nos imaginamos un cuadro de amor, misericordia y compasión. Pero Dios también es santo y no tolera el pecado. Esta no es la única vez que la Biblia menciona el derramamiento de sangre inocente.

Dios es santo y Él no puede tolerar el pecado del derramamiento de sangre inocente.

Veamos más de cerca Salmos 10:1: "¿Por qué estás lejos, oh Jehová, y te escondes en el tiempo de la tribulación?". David hizo la siguiente pregunta: "¿Dónde estás Tú, Señor? ¿Por qué no te alcanzamos?" Él luego continuó preguntándole a Dios acerca de los caminos de los malvados. Como podemos notar en la lista de acusaciones de David, vemos que ésta enlaza con la lista que se nos da en Proverbios 6, y que incluye una vez más el derramamiento de sangre inocente.

*Llena está su boca de maldición, y de engaños y fraude; debajo de su lengua hay vejación y maldad. Se sienta en acecho cerca de las aldeas; en escondrijos **mata al inocente.***
(Salmo 10:7–8, el énfasis fue añadido)

Vemos que Dios se aleja. Su rostro se oculta de nosotros en tiempo de problema debido a la sangre inocente derramada. Cuando Moisés se reunió con Dios en el Monte Sinaí, uno de los Diez Mandamientos era: "No matarás", lo que esto significaba es que no debemos asesinar. Cuando vemos que Dios odia al asesino del inocente, debemos acordar que no hay nadie más inocente, más indefenso, que un niño que no ha nacido. Observando la pregunta de David: "¿Dónde estás Tú, Señor? ¿Por qué no contestas?", encontramos la respuesta de por qué Él parece estar lejos de nosotros hoy. El aborto ha puesto maldición sobre nuestra nación, y tenemos que romper dicha maldición en el nombre de Jesús. La única cosa que puede lavarnos, limpiarnos de la sangre inocente de los bebés, es la sangre inocente del Cordero de Dios. Nuestra nación funciona bajo la maldición del derramamiento de sangre inocente, y, a causa de eso, Dios se aleja de nosotros. Por medio de la sangre inocente de Jesús, necesitamos romper esa maldición del derramamiento de sangre inocente.

El rostro del dolor

Es impresionante pensar en cómo ha cambiado el mundo su opinión sobre el aborto. Hace unos pocos años, la gente ni pensaría en ello. Ahora es parte diaria de nuestra sociedad. Vemos comedias en la TV que influencian a nuestros jóvenes, y la decisión de practicar un aborto se ha hablado tan ligeramente que olvidamos que estamos tratando con una vida humana. Esto me recuerda la ilustración que todos hemos oído de la rana en la sartén. Si usted pone a una rana en una sartén de agua tibia y aumenta suavemente las llamas bajo la sartén, esa rana se sentará allí y eventualmente hervirá hasta morir.

Tome un momento y piense en cuán cauterizada, hoy en día, es la conversación acerca del aborto. La historia se repite. Observe lo que dice Salmos 106:

Sacrificaron sus hijos y sus hijas a los demonios, y derramaron la sangre inocente, la sangre de sus hijos y de sus hijas, que ofrecieron en sacrificio a los ídolos de Canaán, y la tierra fue contaminada con la sangre. (Salmos 106:37–38)

Una vez más, permítame decirle que no quiero traer condenación a nadie que ya haya pedido y recibido el perdón de Dios por el pecado del aborto. Tampoco no quiero sugerir que las mujeres que han tenido abortos estén sacrificando sus hijos voluntariamente al diablo. No obstante, creo que el diablo se complace con el aborto. A él le agrada cuando una vida es cortada antes de que tenga la capacidad de hacer algo grande para Dios. En el judaísmo, se enseña que al momento que un niño es concebido, su alma está ante Dios, y cuando nace Dios le da una misión para hacer de este mundo un lugar mejor. Sólo puede ser el diablo quien esté barriendo al mundo con esta maldición. Echemos un vistazo a las estadísticas:

- Mundialmente, se practican 126,000 abortos cada día, lo que equivale a 46 millones de abortos por año.
- En los Estados Unidos, se practican 3,700 abortos cada día, lo que equivale a 1.37 millones por año.
- El 95% de todos los abortos son practicados como medio de control natal.
- 1% se debe a violación o incesto.
- 1% por anormalidades del feto.
- 3% por problemas de salud de la madre.[1]

Proverbios 1:11 dice: *"Si dijeren: Ven con nosotros; pongamos asechanzas para derramar sangre, acechemos sin motivo al inocente"*. La frase clave aquí es *"sin motivo"*. No quiero discutir en contra de la decisión de un aborto en caso de violación o extremo peligro a la salud de la madre si continúa el embarazo. Estas no son peguntas fáciles de contestar. Pero, como usted puede ver en estas estadísticas, la inmensa mayoría de los abortos no son escogidos por circunstancias extremas, sino que tristemente son un asunto de conveniencia.

Usted puede estar pensando: *Larry, esto realmente no tiene nada que ver conmigo. Yo no voy a practicarme un aborto, así que ¿cómo puede esta maldición bloquear mi bendición?* Permítame tomar un paso más adelante.

Perjuicio por contrato

Todos hemos visto a los detectives que se ven en TV cuando un hombre contrata a un asesino para deshacerse de su socio. El hombre que hala el gatillo no es el único que es arrestado, sino también la persona que lo contrató para hacer el trabajo. Ante los ojos de la ley, él es el culpable. A menudo menciono en mi libro *Free at Last* (Libre al Fin), acerca de romper las maldiciones familiares y generacionales. Miremos de nuevo la Palabra de Dios. Éxodo 34:7 dice que Dios *"[visitará] la iniquidad [maldiciones] de los padres sobre los hijos y sobre los hijos de los hijos, hasta la tercera y cuarta generación"*. Quiero recordarle una vez más que la palabra *iniquidad* no solamente significa pecado, sino una maldición o castigo por algo que se hizo. Si los padres hacen algo equivocado, eso liberará una maldición que seguirá a la familia por generaciones.

Lamentaciones 5:7 dice: *"Nuestros padres pecaron, y han muerto; y nosotros llevamos su castigo [sus maldiciones]"*. Jeremías dijo que nuestros padres ya no vivían pero que estábamos todavía viviendo bajo sus maldiciones. Pobreza, desolación, necesidad, abandono, hambruna. La maldición de los padres se transfiere a los hijos.

Veamos Salmos 51:5: *"He aquí, en maldad he sido formado, y en pecado me concibió mi madre"*. Hemos heredado la iniquidad de nuestros padres. A través de la concepción, sus maldades han sido transmitidas. Hemos visto repetidas veces las maldiciones, iniquidades y castigos que pasarán del padre o la madre a sus hijos.

En 2da Tesalonicenses 2:7 Pablo habló del *"misterio de la iniquidad"*. Algunas veces es solamente un misterio hasta que encontramos "quién lo hizo". Permítame mostrarle algo. Cuando pensamos en la palabra *padre*, tenemos la tendencia a pensar en la esfera de nuestras familias biológicas. En el capítulo 8, "La maldición del racismo", le mostraré una vez más que nosotros podemos heredar la maldición no solamente de los padres de nuestra familia, sino también de nuestros padres espirituales y nacionales.

> *Jehová Yiré—y no Washington, D.C.—es nuestro proveedor.*

Quiero que usted piense en nuestros padres políticos. ¿Recuerda la ilustración del hombre que contrató a alguien para asesinar a su socio? Ante los ojos de la ley, el que lo contrató es tan culpable como el que cometió el asesinato. Contemplemos por quién votamos. Digamos que votamos por alguien que es pro-aborto porque de alguna manera él será una ayuda financiera para nosotros. Ahora, dos cosas han sucedido espiritualmente. La primera, la sangre del inocente está en nuestros hogares. La segunda, hemos eliminado a Dios como nuestro proveedor. Necesitamos entender que no es Washington, D.C., sino Jehová Yiré, quien es nuestro proveedor.

Deuteronomio 27:25 dice: *"Maldito el que recibiere soborno para quitar la vida al inocente. Y dirá todo el pueblo: ¡Amén!"* La Biblia nos dice que una maldición viene sobre alguien que toma soborno o recompensa para asesinar al inocente. Alguien dice: "Sé que ese hombre es pro-aborto, pero si yo voto por él, me traerá más dinero a mí". Yo creo que es igual que si tomara un soborno o una recompensa. Nosotros no lo haríamos, pero votamos por él, o "contratamos" a alguien para que lo haga.

Me gustaría enfatizar esto: Si votamos por alguien que es pro-aborto, la sangre de aquellos niños inocentes estará sobre nosotros. La maldición de esos inocentes que mueren, aunque nosotros lo hagamos, cae sobre nosotros porque votamos por él, "lo contratamos". Nosotros somos responsables de las personas por quienes votamos.

> *Jehová, ¿quién habitará en tu tabernáculo? ¿Quién morará en tu monte santo? El que anda en integridad y hace justicia, y habla verdad en su corazón. El que no calumnia con su lengua, ni hace mal a su prójimo, ni admite reproche alguno contra su vecino. Aquel a cuyos ojos el vil es menospreciado, pero honra a los que temen a Jehová. El que aun jurando en daño suyo, no por eso cambia; quien su dinero no dio a usura, **ni contra el inocente admitió cohecho**, el que hace estas cosas no resbalará jamás.*
>
> (Salmos 15:1–5, el énfasis fue añadido)

David hizo la pregunta: "¿Quién puede vivir en la presencia de Dios y Su poder? Una vez más vemos que Dios no se complace con "quien toma recompensa o soborno contra el inocente". Estoy absolutamente convencido de que recibiremos las maldiciones de nuestros padres y madres políticos, especialmente si votamos por ellos sabiendo que uno de los puntos de su campaña política es derramar sangre inocente—pro-aborto. No podemos hacer nada acerca de nuestra herencia física o espiritual de seis generaciones pasadas. Esas maldiciones han sido rotas por la sangre de Jesucristo. Pero debemos asegurarnos de no traer algunas maldiciones futuras sobre nosotros votando a consciencia por alguien que desea derramar sangre inocente sólo para que ser elegido al cargo.

¿De donde vino esto?

¿Recuerda usted aquella terrible época de tiroteo en las escuelas por la que atravesó nuestra nación? Los chicos entraban a sus salones de clases con la clara intención de asesinar a otros niños. Todos empezaron a buscar a alguien para acusarlo. Algunas personas acusaron a las compañías fabricantes de armas. Ellos sentían que si no hubiera ninguna arma esto jamás hubiera ocurrido. No estoy haciendo una declaración a favor o en contra de las armas, sin embargo tenemos que admitir que las armas han estado en Estados Unidos desde su nacimiento; no obstante, nada como esto había sucedo antes.

Miremos otra razón. Esto debe ser con los camorristas. Tenemos que parar todos los malos tratos a los demás estudiantes. Sé que todos estamos de acuerdo que ser fastidiado en la escuela es algo por lo que ningún chico debe pasar. Mas al igual que con las armas, los camorristas siempre han estado entre nosotros, y desafortunadamente, hasta que Jesús vuelva, ellos siempre estarán en los alrededores. Esto me recuerda lo que Jesús dijo en Mateo 23:24: *"¡Guías ciegos, que coláis el mosquito, y tragáis el camello!"* Mientras mirábamos las cosas equivocadas—armas y camorristas—este espíritu de asesinato fue transferido a nuestros hijos.

Jesús nos enseñó que en los postreros días la *"iniquidad [maldición] abundará"* (Mateo 24:12). *Abundar* significa multiplicar. La Biblia no solamente dice que la iniquidad (maldición) de los padres pasará a los hijos, sino que, en los postreros días, esas maldiciones crecerán y se multiplicarán. La Biblia nos enseña a confesar nuestras faltas, las cosas que pesan sobre nosotros, lo que hemos heredado. *"Confesaos vuestras ofensas unos a otros, y orad unos por otros, para que seáis sanados"* (Santiago 5:16). ¿De dónde vino este espíritu de asesinato? Cuando nosotros como nación liberamos a un espíritu de adultos matando bebés—aborto—y esa maldición fue transmitida, nuestros "bebés" comenzaron a matar "bebés". Esa es la iniquidad que abunda. Sé que esto suena áspero, pero la Palabra de Dios es bien clara. Dios dice: "Pongo ante ti la vida y la muerte, la bendición y la maldición; escoge la vida" (Véase Deuteronomio 30:19). Pablo dijo en Gálatas 6:7–8: *"No os engañéis; Dios no puede ser burlado: pues todo lo que el hombre sembrare, eso también segará. Porque el que siembra para su carne, de la carne segará corrupción; más el que siembra para el Espíritu, del Espíritu segará vida eterna"*. No tratemos de engañarnos a nosotros mismos. De cualquier cosa que sembremos, esas semillas se multiplicarán y entrarán en nuestras vidas.

Todo lugar donde usted ponga la planta de su pie

Cuando esos tiroteos en la escuela estaban ocurriendo, un canal de noticias nos llamó para que llegáramos a la escena del tiroteo. Nos hicimos la pregunta: ¿Por qué está pasando esto en Estados Unidos? En una de las mayores cadenas de noticias, fuimos capaces de decir: "Estamos cosechando lo que sembramos. Podemos hacer volver a nuestros hijos. Podemos romper la maldición del aborto. Los padres han estado matando bebés, ahora esa iniquidad abunda, y nuestros bebés están matando bebés". Pero una vez más, unimos a los pastores y los desafiamos por televisión: "Vayan a sus escuelas y rocíen la sangre [de Jesús] sobre sus hijos", y por la gracia de Dios y el poder de la sangre de Jesús, la maldición fue rota. Uno de los siete lugares donde Jesús derramó Su sangre fue en Sus pies cuando se los atravesaron con un clavo. ¿Recuerda Apocalipsis 12:11?

De cualquier cosa que sembremos, esas semillas se multiplicarán y entrarán en nosotros.

Nosotros podemos vencer al diablo por medio de la sangre del Cordero. Éxodo 12 dice:

> *Y tomarán de la sangre, y la pondrán en los dos postes y en el dintel de las casas en que lo han de comer...* [Y dijo Dios] *"Y veré la sangre y pasaré de vosotros.*
> (Éxodo 12:7, 13)

Nosotros tomamos la palabra *Pascua* de la palabra *Pésakj*. Eso significa "pasar de largo"; sin embargo, también significa: "Cuando vea la sangre, me detendré y protegeré todo lo que esté detrás de la puerta". Yo creo que la sangre de Jesús trajo protección a nuestros hijos en nuestras escuelas. La Biblia dice en Josué 1:3: *"Yo he entregado, como lo había dicho a Moisés, todo lugar que pisare la planta de vuestro pie"*. Mientras caminábamos alrededor de nuestras escuelas, clamábamos para que la maldición fuera rota y nuestros hijos fueran protegidos. Revirtamos la maldición y liberemos la bendición.

Como lo mencioné anteriormente, un rabino dijo que cuando somos concebidos, estamos delante Dios y Él nos da un trabajo para hacer. David dijo:

> *Porque tú formaste mis entrañas; tú me hiciste en el vientre de mi madre. Te alabaré; porque formidables, maravillosas son tus obras; estoy maravillado, y mi alma lo sabe muy bien. No fue encubierto de ti mi cuerpo, bien que en oculto fui formado y entretejido en lo más profundo de la tierra. Mi embrión vieron tus ojos, y en tu libro estaban escritas todas aquellas cosas que fueron luego formadas, sin faltar una de ellas. ¡Cuán preciosos me son, oh Dios, tus pensamientos! ¡Cuando grande es la suma de ellos!*
>
> (Salmos 139:13–17)

Estamos aquí en la tierra para hacer del mundo un lugar mejor. Puede que esto nos parezca extraño; sin embargo, recuerdo una profecía que un hombre me dio cuando por primera vez llegué a ser un creyente. Parte de ella era: "Antes de que estuvieras en el vientre de tu madre, Yo te llamé".

> *Vino, pues, palabra de Jehová a mí, diciendo: "Antes que te formase en el vientre te conocí, y antes que nacieses te santifiqué, te di por profeta a las naciones".*
>
> (Jeremías 1:4–5)

Todos nacimos con un propósito. Debemos reconocer que cuando una mujer escoge practicarse un aborto, el propósito de ese niño quedó sin cumplirse.

Quiero aclarar esto: Si usted tuvo un aborto y ha venido al Señor, usted sabe que ya le ha sido perdonado. ¿Pero me permitiría orar con usted para que toda maldición sea rota? No solamente en usted, sino en sus hijos y nietos. También oremos juntos para romper de sus vidas, ciudades, estados y nación la maldición de derramar sangre inocente.

Más el que escudriña los corazones sabe cuál es la intención del Espíritu, porque conforme a la voluntad de Dios intercede por los santos. Y sabemos que a los que aman a Dios, todas las cosas les ayudan a bien, esto es, a los que conforme a Su propósito son llamados. (Romanos 8:27–28)

"Venid luego, dice Jehová, y estemos a cuenta: Si vuestros pecados fueran como la grana, como la nieve serán emblanquecidos; si fueren rojos como el carmesí, vendrán a ser como blanca lana". (Isaías 1:18)

Ore conmigo:

Padre: en el nombre de Jesús vengo ante Ti. Suplicamos la sangre de Jesús sobre nuestras vidas, nuestras familias y nuestros líderes. Padre: En el nombre de Jesús clamamos porque cada maldición que ha sido liberada debido al derramamiento de la sangre de inocentes sea rota ahora mismo en cada área. Perdónanos por ser un pueblo y una nación que ha tomado muy a la ligera las vidas de los inocentes. Clamamos por nosotros mismos y por nuestra nación para que esta maldición sea rota.

Veamos Isaías 59:

He aquí que no se ha acortado la mano de Jehová para salvar, ni se ha agravado su oído para oír; pero vuestras iniquidades han hecho división entre vosotros y vuestro Dios, y vuestros pecados han hecho ocultar de vosotros su rostro para no oír.

(Isaías 59:1–2)

La mano de Dios aun puede tocarnos. Él todavía quiere salvarnos de todo enemigo. Él todavía nos quiere oír y contestar cuando le llamamos a Él. Es que nuestras maldiciones son las que han hecho que Él se aleje. Ellas nos han separado de nuestro Dios y de Su poder maravilloso. Pero ahora, usted y yo hemos roto esa maldición de su vida para siempre, en el nombre de Jesús. Desde este momento, hemos dejado de derramar sangre de inocentes. Reclame esto conmigo ahora mismo: Por la sangre de Jesús, hemos eliminado la maldición y liberado la bendición. Amén.

> *La mano de Dios todavía puede tocarnos. Él todavía quiere contestar cuando Le llamamos.*

Solamente un recordatorio: No hay condenación para los que están en Cristo Jesús—¡ninguna!

Séptimo paso para eliminar la maldición y liberar la bendición

*Y perdónanos nuestras deudas, como también
nosotros perdonamos a nuestros deudores....
Porque si perdonáis a los hombres sus
ofensas, os perdonará a vosotros
también vuestro Padre celestial;
más si no perdonáis a los
hombres sus ofensas,
tampoco vuestro Padre os
perdonará vuestras ofensas.*
—Mateo 6:12, 14–15

Capítulo 7

La maldición de la falta de perdón

Poniendo en libertad a otros y a usted mismo

Al final de cada servicio yo oro por las necesidades de las personas. Recuerdo vívidamente que cada noche durante una serie de enseñanzas, una dama de unos cincuenta y cinco años de edad pidió oración. Ella había visitado al doctor varias veces, pero parecía que él no le había podido ayudar. Por más de veinticinco años, ella había estado experimentando un terrible dolor en la cadera y cada año iba de mal en peor. Ahora ella estaba al punto que casi no podía caminar sin ayuda. Todas las noches orábamos para que Dios la sanara. Ella me contó que el dolor se iba por un tiempo, pero que por la mañana volvía tan mal como la noche anterior. A la tercera noche, mientras imponía manos sobre ella, el Señor habló a mi espíritu. Yo le pregunté a ella: "¿Hay alguien que la haya lastimado a usted y a quien usted no ha perdonado?" "Nadie", contestó ella. Esta era una preciada mujer cristiana y una miembro fuerte de su iglesia. Así que cuando le pregunté de nuevo: "¿Está usted segura que no hay alguien a quien necesita perdonar?", las lágrimas comenzaron a llenarle sus ojos. Ella siguió contándome que hacía años se había comprometido con un joven. Él rompió el compromiso y terminó casándose con la mejor amiga de ella. Todos esos años ellos siguieron siendo amigos, pero que ella no había sido capaz de perdonar y olvidar. Ella oró conmigo y le pidió al Señor que la perdonara por no perdonar a su amigo. Inmediatamente el dolor de la cadera se le quitó y jamás le regresó. ¿Hay alguien a quien usted necesite perdonar? No estoy diciendo que el daño no sea real. Si alguien le hace una herida a usted, eso realmente sucedió, pero cuando usted perdona, usted queda libre. Miremos las consecuencias de la falta de perdón, y, eliminemos la maldición y liberemos la bendición.

Cuando se enseña sobre la bendición de perdonar, pienso que el mejor lugar para comenzar es con la sabiduría de Jesús mismo. Me gusta la enseñanza que Dios nos da. Andando los discípulos con Jesús, le dijeron: "Señor, enséñanos a orar" y esto fue lo que Él les contestó:

Vosotros, pues, oraréis así: Padre nuestro que estás en los cielos, santificado sea tu nombre. Venga tu reino. Hágase tu voluntad, como en el cielo, así también en la tierra. El pan nuestro de cada día, dánoslo hoy. Y perdónanos nuestras deudas, como también nosotros perdonamos a nuestros deudores. Y no nos metas en tentación, más líbranos del mal; porque tuyo es el reino, y el poder, y la gloria, por todos los siglos. Amén. (Mateo 6:9–13)

Nótese que los discípulos no le preguntaron a Jesús *por qué* debían sino *cómo* debían orar. Estos eran discípulos judíos y habían sido disciplinados en la oración desde que eran niños. Pero cuando Jesús oraba era diferente. Los ciegos miraban, los inválidos andaban, cuando Jesús oraba las tormentas se detenían y las monedas de oro salían de las bocas de los peces. "Señor, enséñanos cómo orar. Queremos ver el poder de Dios moviéndose en nosotros". Mire lo que ocurrió en el versículo 9. Jesús les dijo: *"Vosotros, pues, oraréis así"*. ¿Entiende el significado de lo que tenemos aquí? Jesucristo, el Hijo de Dios, nos está diciendo, a usted y a mí: "Aquí está el secreto, la fórmula para la oración que tocará nuestro Padre en los cielos".

Primero, Jesús dijo: "Digan 'Padre'. Luego alaben Su nombre. Persistan con autoridad: 'Venga, el reino de Dios. Sea hecha la voluntad de Dios, en la tierra como en el cielo'. Después clamen a Dios para que libere su prosperidad para el día: 'Danos el pan diario'. Luego pidan perdón: *'Y perdónanos nuestras deudas, así como nosotros perdonamos a nuestros deudores'"*. Jesús continuó: *"Y no nos metas en tentación, más líbranos del mal. Porque tuyo es el reino, el poder y la gloria por todos los siglos. Amén"*.

Jesús nos dio la fórmula para la oración que tocará a nuestro Padre en los cielos.

Esto nos da una tremenda visión y revelación del reino en cuanto a al poder y a la oración. Pero hay algo muy importante que nosotros con frecuencia pasamos por alto sin darnos cuenta. Nótese que, aunque cada tema que el Señor nos está enseñando aquí es muy importante, Él trata con cada uno de ellos una vez. Él menciona: *"Padre nuestro"* una vez y *"santificado sea tu nombre"* una vez. Sin embargo, mire la enseñanza que nos da sobre el perdón.

Primero, Él dijo: *"Y perdónanos nuestras deudas, así como nosotros perdonamos a nuestros deudores"* (Mateo

6:12). Desde aquí Jesús siguió hasta finalizar Su instrucción de cómo alcanzar a Dios en oración. Él terminó con un "amén" al final del versículo 13. Cuando dijo amén, parecía que la lección había terminado, pero Él volvió a la enseñanza sobre el perdón, de nuevo—no solamente una vez, sino dos veces más en versículos completos:

> *Porque si perdonáis a los hombres sus ofensas, os perdonará también a vosotros vuestro Padre celestial; más si no perdonáis a los hombres sus ofensas, tampoco vuestro Padre os perdonará vuestras ofensas.*
> (Mateo 6:14–15)

De todo lo que Jesús enseñó a Sus discípulos acerca de la oración, este aspecto del perdón debe ser extremamente importante.

Si pecamos: *"Su misericordia es nueva cada mañana"* (Lamentaciones 3:22–23), por lo que podemos pedirle al Señor que nos perdone, y Él lo hará—o ¿no lo hará? Jesús dijo que al orar dijéramos: *"Perdónanos nuestras deudas, **como también nosotros perdonamos a nuestros deudores**"*. Muy sencillo: Dios nos perdona y Su misericordia *es* nueva cada mañana—con la condición de que estemos dispuestos a perdonar a otros. En este momento, no estoy hablando de salvación. Ya somos salvo por gracia. De lo que Jesús está hablando aquí es que obtengamos respuesta a nuestras oraciones. Todos decimos alguna vez: "Señor, ¿por qué no contestas mis oraciones?" Y el Señor dice: "Quiero, pero no puedo". "¿Por qué no, Señor?" "¿Recuerdas lo malo que hiciste el otro día? Te portaste mal con tu esposa. Hiciste en el trabajo algo que no debías hacer". "Si, Señor, pero Te pedí que me perdonaras eso". "Lo sé y quiero perdonarte, pero tú todavía no has perdonado a tu esposa, a tu prójimo, a tu papá, o al hombre de hace veinte años atrás". Jesús está diciendo que si usted quiere que sus oraciones sean contestadas, usted debe perdonar a los demás, para que el Padre pueda perdonarle a usted. Muy sencillo, ¿verdad?

Recuerde que Jesús una vez más está dando una respuesta judía a hombres judíos que estaban familiarizados con las enseñanzas hebreas del perdón. El Talmud (libro judío de sabiduría bíblica) dice que la misericordia y el perdón siempre deben ser una distinción de las características de Abraham y su simiente. Pablo dijo: *"Y si vosotros sois de Cristo, ciertamente linaje de Abraham sois"* (Gálatas 3:29). Las leyes hebreas del perdón son extremamente importantes. Maimónides, un erudito y sabio judío muy famoso, enseñaba las *Leyes del Arrepentimiento*: "Si le ha hecho daño alguien, debe ir y pedirle a esa persona que le perdone y ella le debe perdonar". Él seguía diciendo, "si una persona muere, tome a diez personas con usted, vaya a su tumba y haga las paces".

Ahora bien, no estoy diciendo que debemos reunirnos en un cementerio, sino que es obvio que la bendición de Dios está muy ligada a Su instrucción sobre el perdón. En uno de los libros de Derek Prince, él relata la historia de un hombre que por muchos años no había perdonado a su padre. Finalmente, él entendió que su falta de perdón era en realidad una maldición para su propio futuro. Él sabía que Dios quería que él perdonara a su padre, pero este último ya estaba muerto. Él entró a su carro y manejó largo rato hasta la sepultura de su padre. Entonces dijo: "Padre, te perdono—y, Padre celestial, perdóname". Instantáneamente la maldición fue rota y él fue libertado.

Setenta veces siete

Pedro le hizo a Jesús una pregunta muy intencionada acerca del perdón:

Entonces se le acercó Pedro y le dijo: Señor, ¿Cuántas veces perdonaré a mi hermano que peque contra mí? ¿Hasta siete? (Mateo 18:21).

Esta es una muy buena pregunta. "Señor ¿cuántas veces debo perdonar a mi hermano? ¿Hasta siete?" Eso suena como un buen número piadoso. Me pregunto si Pedro tomó el número siete en conexión con el número de Dios o si lo hizo pensando igual que nosotros. Quizás alguien le había hecho daño a él siete veces y lo que estaba haciendo era buscando una justificación bíblica para vengarse del fulano. Sin embargo, ¿qué dijo Jesús en Mateo 18:22? *"No te digo hasta siete, sino aun hasta setenta veces siete"*. Suena como si tuviéramos mucho que perdonar. Pero en el siguiente pasaje Jesús dijo que así es como el reino de los cielos funciona.

Por lo cual el reino de los cielos es semejante a un rey que quiso hacer cuentas con sus siervos. Y comenzando a hacer cuentas, le fue presentado uno que le debía diez mil talentos. A éste, como no pudo pagar, ordenó su señor venderle, y a su mujer e hijos, y todo lo que tenía, para que se le pagase la deuda. Entonces aquel siervo, postrado, le suplicaba, diciendo: Señor, ten paciencia conmigo, y yo te lo pagaré todo. El señor de aquel siervo, movido a misericordia, le soltó y le perdonó la deuda. Pero saliendo aquel siervo, halló a uno de sus consiervos, que le debía cien denarios; y asiendo de él, le ahogaba, diciendo: ¡Págame lo que me debes! Entonces su consiervo, postrándose a sus pies, le rogaba diciendo: Ten paciencia conmigo, y yo te lo pagaré todo. Mas él no quiso, sino fue y le echó en la cárcel, hasta que pagase la deuda. Viendo sus consiervos lo que pasaba, se entristecieron mucho, y fueron y refirieron a su señor todo lo que había pasado. Entonces, llamándole su señor, le dijo: Siervo malvado, toda aquella deuda te perdoné, porque me rogaste. ¿No debías tú también tener misericordia de tu consiervo, como yo tuve misericordia de ti? Entonces su señor, enojado, le entregó a los verdugos, hasta que pagase todo lo que le debía. Así también mi Padre celestial hará con vosotros si no perdonáis de todo corazón cada uno a su hermano sus ofensas.

(Mateo 18:23–35)

Usted y yo le debemos todo a Dios. La paga de nuestro pecado es la muerte. Nuestra deuda debía haber sido juzgada por Dios. En vez de condenarnos, Él nos perdonó. Y todavía más, envió a Su Hijo Jesús. Él tomó nuestro lugar para que pudiéramos ser libres. Luego, alguien nos lastima, pero en vez de perdonarlos como hizo Dios con nosotros, queremos que paguen. Los rabinos enseñan que la palabra hebrea para *perdón* se deletrea de la misma manera de atrás para adelante que de adelante para atrás. El que da recibe. Si nosotros perdonamos a los otros, entonces Dios nos perdona. Nuestro Jesús judío dijo: "'Perdónanos nuestras ofensas, así como nosotros perdonamos a los que nos ofenden". Es igual de atrás para adelante que de adelante para atrás.

El perdón y el dinero

¿Usaría usted un poco más de dinero en su vida? ¿Podría sacarle provecho a un nuevo empleo o a un aumento de salario?

¿Necesita que su negocio progrese? ¿Sabía usted que la falta de perdón puede poner un bloqueo a la prosperidad de Dios en su vida? Puede que usted esté diezmando, ofrendando, aun apoyando las misiones; sin embargo, no parece ver progreso. Permítame mostrarle algo que le ayudará a abrir las ventanas de los cielos:

> *Por tanto, si traes tu ofrenda al altar, y allí te acuerdas de que tu hermano tiene algo contra ti, deja allí tu ofrenda delante del altar, y anda, reconcíliate primero con tu hermano, y entonces ven y presenta tu ofrenda.* (Mateo 5:23–24)

Si usted trae su ofrenda al altar y recuerda que usted y su hermano están molestos el uno contra el otro, deje su ofrenda y vaya a hacer las paces con su hermano. Después que haya hecho las paces, entonces Dios bendecirá su ofrenda.

Una vez más, Jesús no nos está brindando una doctrina nueva, sino que Él está trayendo vida—*rhema*—a las enseñanzas que han sido dadas al pueblo de Dios desde Moisés. La instrucción judía dice que si usted ha pecado, hay dos partes de su arrepentimiento y perdón. Primero, pida a Dios que lo perdone a usted y muestre su arrepentimiento trayendo una ofrenda. No obstante, si el error ha ocurrido entre dos personas, entonces Dios añade una tercera parte. Si usted está enojado con un hermano o usted ha maltratado a un hermano, no basta con hacer la paz con Dios. Usted también debe hacer la paz con su hermano para que el perdón sea completo. Si todos nosotros pedimos perdón, Él lo da. Pero cuando no perdonamos, eso coloca un bloqueo sobre nuestras ofrendas.

Esto era lo que estaba diciendo Jesús, nuestro Mesías judío. ¿Hay una maldición en sus finanzas? ¿Ha estado usted sembrando en buena tierra y no ve buenas cosechas? ¡Pues bien, alégrese porque usted está por eliminar la maldición y liberar la bendición!

Uno de los más grandes tiempos del año se da cuando llega el otoño. En el calendario judío a esto se le llama los Principales Días Santos. Este es un tiempo muy especial en el calendario hebreo. Es una estación conocida como Teshuvah, que en hebreo significa "regreso o arrepentimiento". Al primer día se le llama Rosh Hashanah o el Año Nuevo judío. Diez días después del Rosh Hashanah llega el Yom Kippur. Yom Kippur significa "el día de la expiación". Seguido del Yom Kippur viene otro día muy especial llamado Sukkot: la fiesta de los tabernáculos. Durante el Rosh Hashanah el pueblo

> *No es suficiente con que amemos a Dios. También debemos amar a nuestro prójimo.*

de Dios debe justificarse con Dios, regresar o arrepentirse. Después entre el Rosh Hashanah y el Yom Kippur deben asegurarse que hayan hecho las paces con sus hermanos. ¿Recuerda cuando el hombre vino a Jesús y le preguntó: "¿Cuál es el más grande mandamiento?" Jesús le respondió: "Amar a Dios con todo tu corazón". En hebreo, a esta confesión de fe se le llama Shema: "Oye, Israel: Jehová nuestro Dios, Jehová uno es. Debemos amarlo con todo nuestro corazón". Pero luego, Jesús dijo: "El segundo es semejante. Ama a tu prójimo como a ti mismo". En el día de Rosh Hashanah, amamos a Dios. En el día de Yom Kippur, amamos a nuestro prójimo. Y cuando hemos amado a Dios y amado a nuestro prójimo, hasta entonces viene Sukkot, cuando Dios nos visitará y traerá Su unción y Su bendición.

Si decimos que amamos a Dios pero no amamos a nuestro prójimo, la Biblia dice que somos mentirosos y la verdad no está en nosotros. Permítame explicarle lo que quiere decir este pasaje. Cuando decimos que amamos a Dios pero no amamos a nuestro prójimo, y no lo perdonamos, entonces la verdad que estamos leyendo, escuchando o recibiendo en profecía no estará en nosotros. No basta con que amemos a Dios, sino que tenemos que amar a nuestro prójimo también. Cuando amamos a Dios y amamos a nuestro prójimo, Dios y el tabernáculo llegan a nosotros con todo Su poder. Las bendiciones de Dios, según Jesús las enseñaba a Sus discípulos en Mateo 6, siempre van relacionadas con Dios y el hombre. En el Machon (el libro de oraciones de los Principales Días Santos), se dice: "No podemos pedirle a Dios que nos perdone si no somos capaces de perdonar a otros. Perdonar es un gran Mitzvah, un gran mandamiento de los hechos de Dios".

¿Qué hemos aprendido hasta aquí? Uno, si queremos que Dios nos perdone y que Su misericordia repose sobre nosotros, la condición es que debemos perdonar y mostrar misericordia hacia los demás. Dos, la falta de perdón o enojo hacia nuestros hermanos puede detener la bendición de Dios en nuestras finanzas. Nuestra ofrenda no será bendecida para traernos la cosecha que Dios nos ha prometido. Aunque hayamos hecho lo correcto ante Dios, nuestras ofrendas todavía están en el altar, en vez de abriéndonos las ventanas de los cielos.

La falta de perdón bloqueará la bendición de Dios, pero en realidad también puede traer maldición sobre nosotros.

Airaos, pero no pequéis; no se ponga el sol sobre vuestro enojo, ni deis lugar al diablo. El que hurtaba, no hurte más, sino trabaje, haciendo con sus manos lo que es bueno, para que tenga que compartir con el que padece necesidad. Ninguna palabra corrompida salga de vuestra boca, sino la que sea buena para la necesaria edificación, a fin de dar gracia a los oyentes. Y no contristéis al Espíritu Santo de Dios, con el cual fuisteis sellados para el día de la redención. Quítense de vosotros toda amargura, enojo, ira, gritería y maledicencia, y toda malicia. Antes sed benignos unos con otros, misericordiosos, perdonándoos unos a otros, como Dios también os perdonó a vosotros en Cristo. (Efesios 4:26–32)

Como le enseñaba en el capítulo sobre el enojo, es natural sentir enojo. No es el enojo el que le permite al enemigo atacar nuestras vidas; es cómo respondemos a lo que ha pasado. El versículo 27 dice: *"Ni deis lugar al diablo"*. Una vez que se le da permiso a entrar, todo su propósito es *"robar, matar y destruir"* (Juan 10:10). Deténgase y pregúntese usted mismo ahora ¿He dado lugar, permiso o abierto una puerta a aquel que quiere robar mi dinero, aniquilar mi futuro y destruir mi destino? Esa nunca ha sido la voluntad de Dios para su vida. Jesús dijo, en la primera parte de Juan 10:10: *"Yo he venido para que tengan vida, y para que la tengan en abundancia"*.

¿Hay alguien más a quien usted necesita perdonar? ¿Está usted enojado con alguien? Antes de continuar, quiero pedirle que haga algo ahora. Escriba el nombre en una hoja de papel. Algunos de ustedes necesitarán hacer una lista con más de un nombre. Eso está bien. ¿Ya ha escrito el nombre? Ahora, póngalo a un lado y asegúrese de terminar la lectura del resto de este capítulo porque al final usted sabrá qué hacer con ese nombre, y ¡Dios eliminará la maldición y liberará la bendición!

¿Qué nombre debe estar en mi lista?

Permítame mostrarle algo que el Señor me dio y que cambiará su vida. Ya le he contado a usted que el mayor problema en mi vida no era la adicción a las drogas, sino la maldición de la ira. Agregando a mi ira estaba la maldición de la falta de perdón, ambos juntos formaban una bomba de tiempo. Todos hemos oído el dicho: "Perdona y olvida". Bien, yo no podía perdonar y no quería olvidar jamás. Si alguien me hacía algo malo, yo no creía en la venganza; quería ir más allá. Mi ira y mi falta de perdón me metieron en más problemas que todo lo demás en mi vida. Mas Dios ya me había liberado y nunca he sido más feliz en mi vida.

Permítame mostrarle cómo esto sucederá en usted. Primero:

> *Porque no tenemos lucha contra sangre y carne, sino contra principados, contra potestades, contra los gobernadores de las tinieblas de este siglo, contra huestes espirituales de maldad en las regiones celestes.* (Efesios 6:12)

Dios no está diciendo que ya no vamos tener batallas. Tampoco está pretendiendo que ya no tenemos un enemigo. Lo que Él está haciendo es esto: primero, diciéndonos quién no es nuestro enemigo, y luego Él nos dice ¡quien es nuestro enemigo! Por medio de una simple ilustración, veamos quién no es nuestro enemigo. Si alguien viene a mí pidiendo oración, oro por ellos y Dios los sana, dígame ¿quién lo hizo? ¿Quién los sanó? Usted, por supuesto, diría que "Dios". A quienquiera que yo le haga esa pregunta, esa persona dará la respuesta correcta: "Dios lo hizo". Pero si yo hice algo para arrebatárselo a usted, ¿quien diría usted que lo lastimó? Casi todo el tiempo la gente dice: "Usted lo hizo". Sabemos lo suficiente de cómo dar a Dios la gloria, pero no hemos aprendido a echarle la culpa al diablo.

Recuerde, lo primero que Pablo dijo es quien no es el enemigo. No es carne ni sangre. Proverbios 6:31 habla del ladrón que, cuando es sorprendido, tiene que regresar lo robado multiplicado por siete veces. *"Pero si es sorprendido, pagará siete veces; entregará todo el haber de su casa".* Aquí no estoy hablando de un ladrón de carne y hueso, sino de un ladrón como el de Efesios 6:12, un ladrón espiritual, un ladrón que viene para *"robar, matar y destruir"*.

Si estamos en las manos del Carpintero, edificamos a las personas.

Permítame hacer esta aclaración: Si todavía estamos molestos con alguien por lo que nos hizo, no hemos descubierto al ladrón. Permítame hacer esta explicación adicional. Dios me ha mostrado que las personas son herramientas [o instrumentos]. Si estamos en las manos del Carpintero, Jesús, edificamos a las personas. Pero, si estamos en las manos del destructor, el diablo, destruimos a las personas. Cuando alguien entra a una casa bonita, piensa: "Me gustaría tener una casa como esta". Él no diría: "¿Puedo encontrar el martillo que hizo esto?" Ridículo, ¿no es así? Ellos saben que no fue el martillo o la sierra lo que construyó la casa. Fue el carpintero o constructor. También funciona en el escenario opuesto. Si una persona llega a su casa, encuentra su casa robada y con agujeros en todas las paredes, usted no pensaría: "¿Qué martillo hizo esto?" Sé que esta ilustración es demasiado sencilla, pero Dios la ha usado para ayudarme tremendamente. Cuando algo sucede, Dios instantáneamente puede devolver para bien lo que Satanás pretendía para mal.

Sé quien es el ladrón. No se ponga se moleste con la gente. No combatimos contra carne y sangre. De seguro que el diablo los usó a ellos, pero échele la culpa al diablo. Al igual que Dios usa a alguien le demos a Dios toda la gloria, cuando el diablo use a alguien, debemos echarle la culpa al diablo. ¿Sabe qué sucede después? Usted descubre quién es el ladrón, y cuando usted descubre quién es él, él debe pagarle a usted todo lo robado, multiplicado por siete. ¿Qué le ha robado el enemigo a usted? ¿Gozo, paz, riqueza, matrimonio, prosperidad? ¡Reclámelo ahora mismo, que todo le será devuelto a usted con intereses, multiplicado por siete!

Mire la hoja de papel donde escribió el nombre. Usted sabe qué hacer, ¿no es así? Borre el nombre que usted había anotado primero y escriba el nombre del ladrón verdadero: el diablo.

Ahora tome esa hoja de papel y tírela. Hay un paso más. Haga una lista de lo que el enemigo le ha robado de usted. Hágala tan grande y elaborada como pueda. ¿El diablo le ha robado dinero a usted? ¿Cuánto? ¡Escríbalo y multiplíquelo por siete! ¿Cuántos años ha tratado de destruir su hogar? Multiplique su paz, gozo y felicidad por siete. ¿Funciona esto? ¡Por supuesto que sí! Un buen amigo nuestro, Steve Brock, que es cantante con Benny Hinn, estaba predicando en nuestra iglesia. Dios estaba bendiciendo a Tiz y a mí grandemente, cuando Steve le preguntó a Tiz: "¿Por qué piensas que esto te está sucediendo a ti y a Larry?" Tiz contestó:

"Steve, es día de pago". Hemos aprendido que el diablo puede utilizar a las personas para perjudicarnos, pero no batallamos contra carne y sangre. Nuestro enemigo es el diablo y la sangre de Jesús ya lo ha derrotado.

Uno mis pasajes favoritos de la Biblia está en Romanos:

Y sabemos que a los que aman a Dios, todas las cosas les ayudan a bien, esto es, a los que conforme a su propósito son llamados. (Romanos 8:28)

Qué gran promesa Dios nos ha dado. No importa lo que suceda, cuando fijamos nuestros ojos en Jesús, todas las cosas funcionan mejor de lo que pensamos funcionarían. De seguro que el diablo le ha robado y lo ha derribado, ¿pero, sabe qué? Ahora que usted ha perdonado a la persona que él usó, ahora que usted sabe que fue el diablo el que lo hizo, todo será mejor de lo que usted nunca antes haya pensado sería posible, ¡por siete! ¡Debido a que por medio del perdón, usted ha eliminado la maldición y liberado la bendición!

Ore conmigo ahora mismo—en voz alta:

Padre: En el nombre de Jesús vengo ante Ti. Perdóname por mi falta de perdón. Yo sé contra quien estoy combatiendo. Sé quién es mi enemigo. Sé quién es el ladrón y reclamo todo lo que me ha sido robado a mí y mi familia. Reclamo (nombre de cualquiera cosa que el diablo le haya robado). ¡En el nombre de Jesús, yo reclamo que se me devuelva todo lo robado multiplicado por siete!

Mientras escribo esto, puedo sentir en mi espíritu que alguien está diciendo: "¿Realmente podrá Jesús puede hacer esto por mí?" Él lo hará *"más abundantemente de lo que pedimos o entendemos"* (Efesios 3:20). Prepárese para una bendición de Dios que sobreabunde en cada área de su vida. No quiero sonar súper espiritual, pero mientras estoy sentado aquí escribiendo esto puedo ver un triunfo sobre natural que está tomando lugar en las vidas de las personas y si usted está leyendo esto, ¡esta palabra de Dios es para usted!

¡Alabado sea Dios! La maldición ha sido eliminada y la bendición ha sido liberada, ¡multiplicada por siete!

Octavo paso para
eliminar la maldición y
liberar la bendición

Todo reino dividido contra sí mismo,
es asolado, y toda ciudad o casa
dividida contra sí misma,
no permanecerá.
—Mateo 12:25
Un mandamiento nuevo os doy:
Que os améis unos a otros; como yo
os he amado, que también os améis unos
a otros. En esto conocerán todos que sois mis
discípulos, si tuviereis amor los unos con los otros.
—Juan 13:34–35

Capítulo 8

La maldición del racismo

Un reino dividido no puede permanecer

D e la maldición que quiero hablar ahora es la que muchos no quieren admitir que existe todavía en Estados Unidos y alrededor del mundo. La razón por la que tratamos de ignorar su existencia es que sabemos cuán equivocado está. No necesitamos que alguien nos predique de ello para saber que está equivocado. No necesitamos ningún pasaje bíblico porque Dios ya ha puesto el hecho de su injusticia moral en cada uno de nuestros corazones. Es obvio que es tan equivocado que el gobierno ha pasado leyes para prohibirlo.

Es bastante malo verlo de lunes a sábado, pero esta maldición levanta su horrible cabeza cada domingo en la casa de Dios y nos grita: "¡Todavía estoy aquí. Estoy vivo y estoy bien!" Estados Unidos está más dividido racialmente cuando vamos a la iglesia que cuando vamos al trabajo.

El racismo siempre trajo maldición. La Biblia nos da fuerte instrucción acerca del poder del enemigo sobre nosotros si a esta maldición se le permite existir.

*Y sabiendo Jesús los pensamientos de ellos, les dijo: Todo reino dividido contra sí mismo, **es asolado**, y*

*toda ciudad o casa dividida contra sí misma, **no permanecerá.*** (Mateo 12:25, el énfasis fue añadido)

¿Por qué este mal parece tener tanto poder en el mundo?
¿Por qué vemos tan pocos milagros? ¿No dijo Jesús: *"Porque
mayor es el que está en vosotros, que el que está en el mundo"*
(1ra Juan 4:4)? ¿No nos prometió Él: *"Y aun mayores [harán]
ustedes?"* (Juan 14:12), Jesús dijo también:

> *Y les dijo: Id por todo el mundo y predicad el evange-
> lio a toda criatura. El que creyere y fuere bautizado,
> será salvo; más el que no creyere será condenado.
> Y estas señales seguirán a los que creen: En mi
> nombre echarán fuera demonios; hablarán nue-
> vas lenguas; tomarán en las manos serpientes, y si
> bebieren cosa mortífera, no les harán daño; sobre
> los enfermos pondrán sus manos, y sanarán.*
> (Marcos 16:15–18)

Entonces, ¿qué pasa? ¿Por qué en el tiempo que todas las
Escrituras señalan el pronto regreso del Señor parece como
que estamos perdiendo terreno, en vez de ganarlo? El mismo
Jesús nos dio la razón: *"Si un reino está dividido contra sí
mismo, tal reino no puede permanecer"* (Marcos 3:24).

Estados Unidos—y de hecho el mundo entero—está más
dividido los domingos por la mañana que cualquier otro día
de la semana. Primero, estamos divididos por las denominaciones. No quiero pasar mucho tiempo en este tópico porque
no es de lo que se trata este capítulo, pero pienso que merece
un poco de atención. Cuando yo llegué a ser cristiano por
primera vez, no sabía nada de las diferentes denominaciones.
Recuerdo que iba para el trabajo al día siguiente de haber
recibido al Señor. Estaba tan emocionado que le contaba a

todo el mundo lo que me había pasado, cómo el Señor me había tocado y cambiado mi vida. La señora cristiana con la que trabajaba yo me echó una mirada repentinamente sospechosa y acusatoria: "¿Qué denominación?" "Yo no sé", le dije. "Es una con Jesús. Eso es todo lo que sé".

Como usted sabe, ninguno de nosotros lo hacemos a la perfección. La Biblia dice que miramos a través de un espejo oscuro (Véase 1ra Corintios 13:12). Estamos haciendo todo lo mejor que podemos, pero ninguno de nosotros interpreta adecuadamente la Palabra de Dios. Sé que algún día usted y yo estaremos caminando por las calles de oro con Jesús. Él pondrá mano alrededor de nosotros y dirá, "Hijos, Yo estoy orgulloso de ustedes. Ustedes lo hicieron bien, pero ahora los tengo aquí, permítanme que les muestre algo". Él abrirá la Palabra de Dios y nuestros ojos estarán totalmente abiertos a Su revelación. Él señalará con seguridad alguna cosa

> *Las denominaciones nos deberían separarnos del cuerpo de Cristo.*

que yo pensaba que la sabía, y diré: "Estupendo, Señor, yo no estuve ni cerca de eso, ¿verdad?" Y Él dirá: "No, pero hiciste lo mejor que pudiste".

Todos y cada uno de nosotros, debemos ser así. Que hayan más de "nosotros" [los cristianos] que lo que hayan de "ellos" [los inconversos]; sin embargo, estamos siendo derrotados por causa de la división. ¿Estamos de acuerdo en que Jesús es el Hijo de Dios, quien murió por nuestros pecados, que resucitó y que cualquiera que invoque el nombre del Señor será salvo? Entonces, somos familia. El resto lo podemos aprender en el camino. Cualquiera que sea la denominación a la que usted pertenezca, usted debe sentirse orgulloso de estar con esa denominación. Pero si por pertenecer a cierta denominación, eso nos separa del resto del cuerpo de Cristo, debemos estar avergonzados. "Un reino dividido contra sí mismo no prevalecerá". Rompamos la maldición de la división que viene por medio de la separación denominacional.

Pero sigamos con lo que realmente trata este capítulo, eso es con la maldición que plaga nuestras iglesias cada semana: el racismo. Echemos una mirada a lo que la Palabra de Dios nos enseña en Juan 13:

> *Un mandamiento nuevo os doy: Que os améis unos a otros; como yo os he amado, que también os améis unos a otros. En esto conocerán todos que sois mis discípulos, si tuviereis amor los unos con los otros.*
>
> (Juan 13:34–35)

Hay unas cuantas cosas muy importantes que notar aquí. Primero, Jesús dijo que esto es un mandamiento. *Amarse unos a otros.* No es una sugerencia propiamente o una idea buena; este es un mandamiento. Después Jesús dijo algo que debe tocar el corazón de todos nosotros. *"En esto conocerán todos que sois mis discípulos".* No por una cruz en nuestras iglesias o alrededor de nuestro cuello. No por una Biblia en nuestras manos o la calcomanía pegada en el parachoques de nuestros carros. El mundo debe reconocer que somos los hijos de Dios por el amor que nos dispensamos los unos a los otros. A mí me gusta decirlo de esta manera: "Ellos, allá afuera, conocerán que nosotros, los que estamos aquí adentro, le pertenecemos a Él, al de arriba, pero solamente por una cosa: tenemos un verdadero amor los unos para con los otros". No es cuestión de ser negro, blanco, cobrizo, rayado o con lunares. Somos familia—hermanos y hermanas. Y Dios dice que nos amemos los unos a otros.

Si permanecéis en mí, y mis palabras permanecen en vosotros, pedid todo lo que queréis, y os será hecho. En esto es glorificado mi Padre, en que llevéis mucho fruto, y seáis así mis discípulos. Como el Padre me ha amado, así también yo os he amado; permaneced en mi amor. Si guardareis mis mandamientos, permaneceréis en mi amor; así como yo he guardado los mandamientos de mi Padre, y permanezco en su amor. Estas cosas os he hablado, para que mi gozo esté en vosotros, y vuestro gozo sea cumplido. Este es mi mandamiento: Que os améis unos a otros, como yo os he amado. (Juan 15:7–12)

¿Ve usted la palabra "si" en el versículo 7? Eso significa que Dios nos está dando una condición. No para nuestra salvación: esa es gratis. Nosotros somos salvados por gracia, pero si queremos ver el poder de Dios y Su bendición en nuestras vidas, entonces hay algunas condiciones que debemos reunir. El Señor nos está preguntando aquí: "¿Qué desean ustedes? ¿Qué necesidades tienen? Yo les voy a cumplir cada deseo 'si...' usted cumple con la condición de hacer lo que Yo le he mandado. Que se amen unos a otros". Jesús siguió diciendo: "Mi Padre me amó. Por eso es que Yo los amo a ustedes. Ahora ustedes ámense unos a otros".

El versículo 10 dice: "*Si* guardáis Mis mandamientos, permaneceréis en Mi amor". Otra vez observamos esa pequeña molestia de la palabra "*si*". El ser perdonados no tiene nada que ver con nosotros. Jesús pagó el precio totalmente. "Por gracia, no por obras". Pero ahora Él nos ordena que nos amemos unos a otros. *"Este es mi mandamiento: que os améis unos a otros, como Yo os he amado"* (versículo 12). Yo pienso que el Señor está tratando de decirnos algo.

Veamos una de las enseñanzas más poderosas que jamás haya dado Jesús. Creo que es la clave principal para que el poder de Dios sea derramado.

> *Y uno de ellos, intérprete de la ley, preguntó por tentarle, diciendo: Maestro, ¿cuál es el gran mandamiento en la ley? Jesús le dijo: Amarás al Señor tu Dios con todo tu corazón, y con toda tu alma, y con toda tu mente. Este es el primero y grande mandamiento. Y el segundo es semejante: Amarás a tu prójimo como a ti mismo. De estos dos mandamientos depende toda la ley y los profetas.* (Mateo 22:35–40)

Este hombre vino a Jesús y le preguntó: "Maestro, ¿cuál es el gran mandamiento en toda la ley de Dios? ¿No es mentir o robar? ¿Cuál es la ley más importante que Dios nos ha dado? La respuesta que Jesús dio fue una respuesta judía. En hebreo se le llama *Shema*:

> *Oye, Israel: Jehová nuestro Dios, Jehová uno es. Y amarás a Jehová tu Dios de todo tu corazón, y de toda tu alma, y con todas tus fuerzas.* (Deuteronomio 6:4–5)

Ésta posiblemente sea la oración más importante que un judío pueda hacer. "Oye, oh Israel. (Escuchen todos los hijos de Dios). El Señor es nuestro Dios. Él es su Dios; ámenlo a Él con todo su corazón, con toda su alma y con todas sus fuerzas". Si Jesús se hubiera detenido allí, ellos no habrían sido capaces de discutir con Él. Ellos no habrían encontrado fallas. Mas Jesús continuó:

> *Y el segundo es semejante: Amarás a tu prójimo como a ti mismo. De estos mandamientos depende toda la ley y los profetas.* (Mateo 22:39)

Jesús estaba diciendo que no basta con decir: "Yo amo a Dios". El amar al prójimo como a uno mismo es de similar importancia. De hecho, si decimos que amamos a Dios y no amamos a nuestro prójimo, la Biblia tiene algo que decir acerca de eso:

> *Si alguno dice: Yo amo a Dios, y aborrece a su hermano, es **mentiroso.** Pues el que no ama a su hermano a quien ha visto, ¿cómo puede amar a Dios a quien no ha visto? Y nosotros tenemos este mandamiento de él: El que ama a Dios, ame también a su hermano.*
> (1ra Juan 4:20–21, el énfasis fue añadido)

La palabra *mentiroso* es enormemente fuerte, pero yo quiero hacerles ver algo aquí. En 1ra Juan 2:4, encontramos la palabra *mentiroso* otra vez. *"El que dice: Yo le conozco y no guarda sus mandamientos, el tal **es mentiroso,** y la verdad no está en él"* (el énfasis fue añadido). Dice aquí que si nosotros no guardamos Sus mandamientos, somos mentirosos y la verdad no está en nosotros. ¿Qué mandamientos? Ame a Dios y ame a su prójimo como a usted mismo.

"De estos dos mandamientos depende toda la ley y los profetas" (Mateo 22:40). En estas dos declaraciones, se cumplen *todos* los mandamientos.

"Dijo entonces Jesús a los judíos que habían creído en Él: Si vosotros permaneciereis en mi palabra, seréis verdade-

ramente mis discípulos; y conoceréis la verdad, y la verdad os hará libres" (Juan 8:31–32). Una vez más, Jesús utilizó la palabra si. Si vivimos en Su Palabra, entonces somos Sus discípulos. Jesús dio una cantidad de palabras, pero todas ellas resumidas en el amor de Dios y el amor al prójimo. Si usted ama a Dios y a su prójimo: *"Usted conocerá la verdad, y la verdad [lo] hará libre".* Nótese la palabra verdad. No solamente es la verdad la que lo hace libre a usted, sino la verdad que usted conoce y entiende. Creo que si nosotros no nos amamos unos a otros, sin importar el color de nuestra piel, la verdad de la Palabra de Dios que viene a libertarnos no puede estar en nosotros.

No podemos recibir la dirección de Dios sino hasta que nos amemos los unos a otros.

> *Y en esto sabemos que nosotros le conocemos, si guardamos sus mandamientos. El que dice: Yo le conozco, y no guarda sus mandamientos, el tal es mentiroso, y la verdad no está en él; pero el que guarda su palabra, en éste verdaderamente el amor de Dios se ha perfeccionado; por esto sabemos que estamos en él. El que dice que permanece en él, debe andar como él anduvo.*
> (1ra Juan 2:3–6)

Oseas 4:6, dice: *"Mi pueblo fue destruido porque le faltó conocimiento".* Nuestra división, nuestra separación del uno al otro, especialmente por la raza, no solamente acarrea maldición sobre nosotros, sino que también impide que la bendición sea liberada. Tenemos acceso al Espíritu de *toda* verdad. Jesús prometió que Él nos dirigiría y guiaría. Dios nos ha dado el conocimiento de todo lo que necesitamos para: Edificar Su reino, criar a nuestros hijos, para los negocios, para sanidad, etc. Todo está esperando por nosotros, pero la verdad no puede estar en nosotros si no nos amamos los unos a los otros. Dios quiere dirigirnos personalmente, guiarnos a todo Su poder y bendición, pero no podemos oír Su voz o recibir Su dirección—porque Su verdad no está en nosotros—sino hasta que nos amemos los unos a los otros.

En una ciudad donde Tiz y yo pastoreábamos, hubo otro pastor que estaba realmente en contra de las personas con matrimonios mixtos. Todo mundo sabía que si una pareja mixta entraba en su iglesia, de algún modo ponía en su sermón que Dios no quería que personas de diferentes colores de piel se unieran. Incluso, él citaba pasajes como: *"¿Qué comunión tiene la luz con las tinieblas?"* (2da Corintios 6:14). ¿Puede usted creer eso? Otra vez digo, no estoy tratando de ser rudo, pero recuerde: *"Así la maldición nunca vendrá sin causa"* (Proverbios 26:2). No hay maldición más grande que alguien piense que es mejor o peor que algún otro debido al color de su piel.

Sé que lo que estoy enseñando aquí es una materia muy sensible, pero cuando Dios me dijo que enseñara sobre las diez maldiciones que están bloqueando la bendición, ésta fue una de las primeras maldiciones que Él me habló. En cada iglesia que Tiz y yo hemos pastoreado, nos hemos propuesto que debemos tener una iglesia multirracial. En Santa Fe, Nuevo México, encontramos una pareja y la invitamos a la iglesia. Cuando ellos entraron, usted podía ver el aspecto de sus rostros. En ese tiempo, ya hace casi treinta años de eso, nuestra iglesia la componía alrededor del 95 por ciento de hispanos, 4 por ciento indios-americanos, y, bien, mi familia.

Esta pareja nos dijo: "Su iglesia es de hispanos. Eso no se hace aquí". A lo que contesté: "Bien, ahora sí".

Enfrentamos la misma cosa cuando nos trasladamos a Australia. Repito, eso hace muchos años ya y las cosas han cambiado, pero hubo personas que se perturbaron cuando empezamos a llevar gente indígena a la iglesia. Digo esto con todo el amor de Dios en mi corazón: No es cuestión de si usted es negro, blanco, hispano, asiático o cualquier color de étnico. Usted fue creado por Dios, y ante Sus ojos, usted es perfecto. No deje que el racismo le detenga la bendición de Dios en estos últimos días. Cuando estábamos pastoreando nuestra segunda iglesia en Australia, vi un comercial en la TV que pensé era magnífico. Mostraba a una pequeña niña blanca en un columpio. Mientras ella jugaba, una pequeña niña isleña pasaba por ahí, luego un niño asiático, después un niño negro bajito, etc. Después que seis o siete niños diferentes pasaron, se le veía tomar la mano de su madre y cuando ellas comenzaron a caminar, la niña levantó la mirada y preguntó: "Mami, ¿de qué color es Jesús?" La mamá respondió: "Cariño, Jesús es la luz del mundo, y la luz pura está hecha de todos los colores del arco iris".

Usted fue creado por Dios, y ante Sus ojos, usted es perfecto.

Creo que Dios va a derramar Su Espíritu como nunca antes. La Palabra de Dios dice que Él lo hará. Los dones del Espíritu serán revelados en todo el cuerpo de Cristo. ¿No será maravilloso cuando Dios confirme Su Palabra con señales y prodigios? ¿Le gustaría que Dios lo utilizara a usted en el derramamiento de este tiempo final? ¿Alguna vez ha orado usted por los dones del Espíritu? ¿Qué tal si Dios quiere darle a usted los dones de sanidad, dones de profecía, o quizás dones de obrar milagros?

Si yo hablase lenguas humanas y angélicas, y no tengo amor, vengo a ser como metal que resuena, o címbalo que retiñe. Y si tuviera profecía, y entendiese todos los misterios y toda ciencia, y si tuviese toda la fe, de tal manera que trasladase los montes, y no tengo amor, nada soy. Y ahora permanecen la fe, la esperanza y el amor, estos tres, pero el mayor de ellos es el amor. (1ra Corintios 13:1–2, 13)

Es tan sencillo. La clave del poder de Dios en nuestras vidas yace en estas dos cosas: Amor a Dios y amor los unos a los otros.

Anti-semitismo

¿Por qué no podemos romper la maldición del racismo? Vi un especial por televisión donde entrevistaban a un anciano de raza blanca que hacía muchos años había predicado con el Dr. Martin Luther King, hijo. Esta era una presentación secular, no religiosa. Los entrevistadores le preguntaron acerca del racismo en Estados Unidos hoy, y, esto fue lo que él dijo: "Tenemos un largo camino que recorrer, pero hemos hecho grandes progresos en todas las áreas. En todas las áreas, *excepto en la iglesia*". Quiero que preste atención a lo que este hombre dijo. Recuerde que este no era un programa cristiano. Este era un programa secular y él estaba haciendo la declaración de un hecho. En cuanto al racismo, hemos hecho grandes progresos, en todas las áreas, menos en la iglesia. De nuevo, permítanme decirles que en Estados Unidos los domingos por la mañana están más divididos racialmente que los lunes por la mañana. ¿Cómo puede ser esto? La iglesia, la familia de Dios, debe ser el primer lugar donde nos amemos unos a otros, no el último. ¿Qué pasa?

Yo le mostraré aquí mismo, y la verdad que usted está por entender lo hará libre. Si usted recuerda mi libro *Free at Last* (Libre al Fin), hay tres maneras en las que una maldición puede llegarle a usted. Una de ellas es una maldición familiar que pasó de generación a generación. Quiero mostrarle una maldición familiar que proviene no de nuestra familia natural, sino de nuestra familia espiritual. ¿Podríamos heredar una maldición de racismo de nuestros padres espirituales? Debemos entender que algunos de nuestros padres espirituales nos transfirieron la más grande maldición, la cual ahora debemos romper. La iglesia, en muchos casos, ha estado en contra de las mismas personas que nos dieron la Biblia, los profetas, la promesa de Dios y nuestro Salvador. La iglesia nos ha dividido de la misma gente que hemos sido injertados (Véase Romanos 11:1–24). Es tiempo de eliminar la maldición y liberar la bendición.

> *Pero Jehová había dicho a Abram: Vete de tu tierra y de tu parentela, y de la casa de tu padre, a la tierra que te mostraré. Y haré de ti una nación grande, y te bendeciré, y engrandeceré tu nombre, y serás bendecido. Bendeciré a los que te bendijeren, y a los que te maldijeren maldeciré; y serán benditas en ti todas las familias de la tierra.* (Génesis 12:1–3)

Miremos lo que Dios le dijo a Abraham. Bendeciré a los que bendigan (y por medio de él, a sus descendientes, a toda la nación de Israel). Maldeciré a los que te maldijeren. Es de suma importancia que entendamos esto. Dios dice que si somos una bendición para Israel, nosotros seremos bendecidos, pero si maldecimos al pueblo judío, entonces una maldición caerá sobre nosotros:

> *Porque he así ha dicho Jehová de los ejércitos: Tras la gloria me enviará él a las naciones que os despojaron; porque el que os toca, toca a la niña de su ojo. Porque he aquí yo alzo mi mano sobre ellos, y serán despojo a sus siervos, y sabréis que Jehová de los ejércitos me envió".*   (Zacarías 2:8–9)

¿Está la iglesia bajo maldición?

Echemos una breve mirada a la historia de la iglesia en relación con el pueblo judío. Y mientras lo hacemos, le pido que recuerde que no estamos culpando a ninguna persona o grupo religioso. "Porque nuestra lucha no es contra carne y sangre, sino contra principados" (Véase Efesios 6:12).

1. Las cruzadas
- Fueron nueve "guerras santas" conducidas primeramente por la iglesia entre los años 1096 y 1272. A los soldados se les ordenó que mataran a los infieles—incluyendo judíos y musulmanes—que se rehusaran a ser bautizados en el nombre de Jesús. Miles de judíos fueron asesinados en Francia y Alemania.

2. La Edad Media
- La iglesia enseñó que los judíos mataban a los cristianos y que utilizaban la sangre para hacer el pan sin levadura para la Pascua.
- Los judíos fueron acusados de la "Muerte Negra"—la plaga bubónica que en el siglo catorce mató a la cuarta parte de la población de Europa. De hecho, los judíos no

sufrieron la plaga en la misma dimensión que el resto de Europa—probablemente porque Dios les dio leyes para lavar y limpiar, y, restricciones dietéticas, los cuales son métodos comprobados para prevenir la enfermedad.

3. La inquisición

- La inquisición ocurrió también en el siglo catorce. Ciertos miembros del liderazgo de la iglesia "propusieron cualquier medio" para convertir a los judíos, lo cual incluía todo tipo de tortura, incluyendo quemarlos vivos en el madero.

4. La reforma protestante

- En el siglo dieciséis, Martín Lutero desafió el estado de la Iglesia Católica. Él quería reformar la iglesia, pero sus reformas fueron rechazadas por lo que fundó la Iglesia Protestante.

- Lutero es conocido como el más encarnizado anti-semita de la historia. Lutero escribió en su libro, *Los Judíos y sus Mentiras*, que los judíos eran bestias venenosas, víboras, sujetos repugnantes, cobardes, y diablos encarnados. Él dijo que sus hogares privados debían ser destruidos y que ellos deberían vivir en establos, que los magistrados debían quemar sus sinagogas y destruir sus libros. El pensamiento de Lutero era que los judíos deberían ser expulsados para que los cristianos no fueran expuestos a la ira divina y a la eterna condenación de los judíos y sus vidas.

El holocausto

¿Alguna vez se ha preguntado cómo Hitler pudo hacer lo que hizo? Parece imposible que todas las naciones no sólo se levantaran y permitieran el asesinato de seis millones de personas, sino que muchos también pensaron que ellos le estaban haciendo un favor al mundo. Me da tristeza decir que esta maldición, a un grado más elevado, salió de la iglesia al mundo. Permítame mostrarle unos pocos ejemplos.

Historia de la Iglesia	*Leyes de Hitler en Nuremberg*
Sínodo de Clermont (Franks, 535 DC)	• A los judíos se les prohibió ocupar cualquier oficina pública.
Doceavo Sínodo de Toledo (691 DC)	• Todos los libros judíos, incluyendo el Talmud, fueron quemados.
El Sínodo Trullano (692 DC)	• A los cristianos se les prohibió ir a un doctor judío bajo ninguna circunstancia. • A los cristianos se les prohibió participar en cualquier ritual judío—Sábat, Pascua, etc. • A los cristianos se les prohibió tener amigos judíos.
Cuarto Concilio Luterano (1215 DC)	• A los judíos se les ordenó llevar una insignia en sus ropas para que pudiera identificárseles como judíos. • En 1555, el Papa Pablo IV emitió una bula papal que ordenaba que los judíos llevaran un sombrero amarillo como identificación. El después los envió a los guetos y les prohibió ejercer la mayoría de las profesiones. • Hitler les cambió el sombrero amarillo por una insignia amarilla con la estrella de David.

Bajo Hitler, Alemania adoptó todas estas leyes de la iglesia y muchas más. También hay muchos otros ejemplos, pero esto le da a usted un breve repaso de la persecución de la iglesia al pueblo judío.

Esta es una de las maldiciones generacionales que debemos romper. En nuestro regreso a Israel, Tiz y yo paramos en Venecia para hacer algunas investigaciones. Contratamos a una señora para que nos llevara a una excursión histórica. Cuando ella nos llevó por el antiguo barrio judío, yo aprendí un hecho muy interesante. Esta pequeña área fue utilizada para encerrar allí a la gente judía, un método improvisado para mantenerlos separados del resto de la comunidad. Este es le primer lugar donde la palabra *gueto* fue utilizada. La maldición del gueto comenzó con la iglesia al ser racista contra los hijos de Israel. ¿Puede la maldición de nuestros padres espirituales transferirse a nosotros? ¿Podría ser que esta maldición este bloqueando la bendición? Observemos varias cosas más:

1. La teología del reemplazo

- Esta enseñanza dice que la iglesia ha tomado el lugar de Israel. La iglesia es la legítima o nueva Israel. Eso es lo que muchos han enseñado. ¿Pero que dice la Palabra de Dios?

Pues si algunas de las ramas fueren desgajadas, y tú, siendo olivo silvestre, has sido injertado en lugar de ellas, y has sido hecho participante de la raíz y de la rica savia del olivo, no te jactes contra las ramas; y si te jactas, sabe que no sustentas tú a la raíz, sino la raíz a ti. (Romanos 11:17–18)

- Somos injertados en Israel; Israel y el pueblo judío son la raíz. Ellos nos sostienen. No hemos reemplazado a Israel; nos hemos unido a ella.

2. Dios ha terminado con Israel.

- ¡Absolutamente, no! Dios dice: Si su alejamiento (en parte) ha sido una bendición para los gentiles, ¿cuánto más será bendecido en su plenitud? *"Y si su transgresión es la riqueza del mundo, y su defección la riqueza de los gentiles, ¿cuánto más su plena restauración?"* (Romanos 11:12).

3. Los judíos negaron y mataron a Jesús

- No podemos acusar a todos por lo que hicieron unos pocos. Es cierto que Caifás, el sumo sacerdote era judío, pero Pilato era un gentil. Si vamos a acusar a todos los judíos por lo que hizo Caifás, entonces, ¿no deberíamos acusar a todos los gentiles por lo que hizo Pilato?

Permítame darle un par de hechos acerca de Caifás. Primero, Caifás había sido nombrado por Roma para ejercer como sumo sacerdote porque sabían que era corrupto. Segundo, aunque Caifás tenía el título de sumo sacerdote, no era creyente en el Dios de Abraham, Isaac y Jacob. A principios del año de 1990 se encontró en Israel la tumba de Caifás. En su quijada se descubrió una moneda. Ésta era una práctica pagana: Cuando alguien moría, le ponían una moneda en la boca para que le pagara al barquero del Río

Sin el pueblo judío no tendríamos Biblia, ni Jesús, ni fe.

Estigia para que lo cruzara a la eternidad. Él era un pagano. Tercero, no mucho tiempo después de que Jesús fuera crucificado, Pilato regresó a Roma y Caifás fue removido de su cargo. Estos dos hombres juntos causaron tanto problema en Israel que Pilato fue despojado de todos sus títulos y posesiones. Poco después se suicidó. Caifás desapareció.

En relación al pueblo judío, dijo Dios: "Bendeciré a los que te bendijeren y maldeciré a los que te maldigan".

En un viaje a Ucrania, fui llevado al sitio del Holocausto en la ciudad de Kharkov. En el Día de Navidad, alrededor de veinte mil judíos, hombres, mujeres y niños fueron echados en una zanja y mientras los soldados cantaban villancicos, los asesinaban. ¿Podemos romper la maldición de racismo en nuestro país? ¡Absolutamente! Todo lo que tenemos que hacer es arrepentirnos.

¿Alguna vez se ha preguntado por qué el diablo ha tratado de destruir a los judíos desde el principio de los tiempos? Sin el pueblo judío nosotros no tuviéramos Abraham—el padre de nuestra fe.

Para que en Cristo Jesús la bendición de Abraham alcanzase a los gentiles, a fin de que por la fe recibiésemos la promesa del Espíritu. (Gálatas 3:14)

Y si vosotros sois de Cristo, ciertamente linaje de Abraham sois, y herederos según la promesa. (Gálatas 3:29)

Sin Israel y el pueblo judío no tuviéramos Biblia, ni promesa, ni hogar.

En aquel tiempo estabais sin Cristo, alejados de la ciudadanía de Israel y ajenos a los pactos de la promesa, sin esperanza y sin Dios en el mundo....Así que ya no sois extranjeros ni advenedizos, sino conciudadanos de los santos, y miembros de la familia de Dios. (Efesios 2:12, 19)

No tendríamos apóstoles, profetas, y ni un Pablo que enseñara a los gentiles. No tendríamos un Rabino, un Maestro, ni un Salvador—cuyo nombre es Jesús.

Un reino dividido contra sí mismo no prevalece. ¿Qué pasara cuando rompamos la maldición del racismo? Estoy absolutamente convencido de que el poder de Dios caerá en gran manera como nunca antes. Señales y prodigios, dones del Espíritu, profecía y sanidades serán parte de nuestras vidas.

Pero algo más grande que todo esto sucederá. El Mesías vendrá otra vez.

Entonces invocarás, y te oirá Jehová; clamarás, y dirá Él: Heme aquí. Si quitares de en medio de ti el yugo, el dedo amenazador, y el hablar vanidad; y si diereis tu pan al hambriento, y saciares tu alma afligida, en las tinieblas nacerá tu luz, y tu oscuridad será como el mediodía. Jehová te pastoreará siempre, y en las sequías saciará tu alma, y dará vigor a tus huesos; y serás como huerto de riego, y como manantial de aguas, cuyas aguas nunca faltan. Y los tuyos edifica-rán las ruinas antiguas; los cimientos de generación y generación levantarás, y serás llamado reparador de portillos, restaurador de calzadas para habitar.

(Isaías 58:9–12)

Dejemos de estar señalando con el dedo y permitamos que Dios nos llame reparadores de portillos, restauradores de calzadas (Jerusalén) para habitar en ellas.

¡Mirad cuan bueno y cuan delicioso es habitar los hermanos juntos en armonía! Es como el buen óleo sobre la cabeza, el cual desciende sobre la barba, la barba de Aarón, y baja hasta el borde de sus vestidu-ras; como el rocío de Hermón, que desciende sobre los montes de Sion; porque allí envía Jehová bendición, y vida eterna. (Salmos 133:1–3)

Dios ordenara a la lluvia temprana y la tardía que caiga. Esta es una promesa que nos incluye a todos nosotros y que se unirá a los judíos y a los no judíos como si fueran uno en los últimos días de la iglesia, como lo fuimos al principio con Jesús.

Porque él es nuestra paz, que de ambos pueblos hizo uno, derribando la pared intermedia de separación, aboliendo en su carne las enemistades, la ley de los mandamientos expresados en ordenanzas, para crear en sí mismo de los dos un solo y nuevo hombre, haciendo la paz, y mediante la cruz reconciliar con Dios a ambos en un sólo cuerpo, matando en ella las enemistades. (Efesios 2:14–16)

Por una sola cosa, ellos conocerán que son Mis discípulos: Que se aman los unos a los otros.

La pared que nos dividía será derribada y cuando eso suceda Dios nos dará paz—shalom–la cual significa ¡nada perdido, nada roto!

Quiero pedirle que se ponga de acuerdo conmigo ahora mismo. Matemos la maldición del racismo destruyéndola desde sus raíces.

Padre, en el nombre de Jesús venimos ahora ante Ti. Rompemos toda maldición que viene por medio del racismo y del anti-semitismo y que cae sobre nosotros el cuerpo de Cristo. Rompemos la maldición de nuestros padres espirituales que ha venido a bloquear la bendición de Dios para nuestras vidas y para nuestras iglesias. Pedimos Tu perdón por sus conductas y rompemos toda maldición que pueda estar en nosotros por nuestros prejuicios. Padre, nos arrepentimos. Ahora, por medio de la sangre de Jesús, clamamos que elimines la maldición y liberes la bendición.

Jesús dijo: "Por una sola cosa, ellos conocerán que son Mis discípulos: Que se aman los unos a los otros".

Noveno paso para eliminar la maldición y liberar la bendición

¡Oh gálatas insensatos! ¿Quién os fascinó para
no obedecer a la verdad, a vosotros ante cuyos
ojos Jesucristo fue ya presentado claramente
entre vosotros como crucificado? Esto sólo
quiero saber de vosotros: ¿Recibisteis
el Espíritu por las obras de la ley,
o por el oír con fe? ¿Tan
necios sois? ¿Habiendo
comenzado por el
Espíritu, ahora vais
a acabar por la carne?
¿Tantas cosas habéis
padecido en vano? Si es
que realmente fue en vano.
Aquel, pues, que os suministra
el Espíritu, y hace maravillas entre
vosotros, ¿lo hace por las obras de la ley, o
por el oír con fe? Así Abraham creyó a Dios,
y le fue contado por justicia. Sabed, por tanto,
que los que son de fe, éstos son hijos de Abraham.
Y la Escritura, previendo que Dios había de
justificar por la fe a los gentiles, dio de antemano
la buena nueva a Abraham, diciendo: En ti serán
benditas todas las naciones. De modo que los
de la fe son bendecidos con el creyente Abraham.
Porque todos los que dependen de las obras
de la ley están bajo maldición, pues escrito está:
Maldito todo aquel que no permaneciere en todas
las cosas escritas en el libro de la ley, para hacerlas.
—Gálatas 3:1–10

Capítulo 9

El legalismo vs. la Ley

La senda que lleva a las bendiciones de Dios

*E*n este capítulo no voy a enseñarle a usted de una maldición, sino dos. Quiero mostrarle una maldición que puede venir sobre nuestras vidas debido a un gran malentendido de legalismo versus ley.

En esta carta a los gálatas, Pablo les hace dos preguntas. Primera: ¿Quién los fascinó? Segunda: ¿Recibieron ustedes a Dios por las obras de la Ley o por Su gracia en Jesús? Y continuó diciendo en el versículo 10: *"Porque todos los que dependen de las obras de la ley están bajo maldición, pues escrito está: Maldito todo aquel que no permaneciere en todas las cosas escritas en el libro de la ley, para hacerlas".*

Somos salvos por gracia, no por ninguna cosa que hubiéramos hecho (Véase Efesios 2:4–9). De alguna manera los gálatas habían sido "fascinados" ["hechizados", NVI] para regresarlos al pensamiento de que ellos deben ganarse su salvación. Ellos comenzaron creyendo que eso era un maravilloso don de Dios el Padre, por medio de Jesucristo, pero regresaron a las obras. Este mismo pensamiento no es tan poco común hoy en día. Pablo era el apóstol para los gentiles y esta es su carta a la iglesia en Galacia (Véase Gálatas 1:2), no para la sinagoga de Jerusalén. Muchas personas en las iglesias alrededor del mundo que creen en la salvación por obras están aún bajo "la maldición de la ley". Permítame explicarle esto de una manera que probablemente usted nunca lo había oído antes.

Ya le conté la historia de cómo fui salvado. Entré drogadicto al servicio de una iglesia, y salí esa misma noche como un hijo de Dios, perdonado totalmente. Sin embargo, como muchos otros, mi caminar con Dios pronto pasó de la fe a las obras. Todavía puedo recordar la predicación: "Si usted no diezma, no es salvo. Si usted no viene a la iglesia, testifica, ora, etc., talvez usted no sea salvo". ¿Debemos diezmar, orar y venir a la iglesia? Definitivamente. Sin embargo, el hacer esas cosas no nos salva. Permítame ponerlo de otra manera: No hacemos ninguna de esas cosas para *ser salvos;* las hacemos porque *ya somos salvos.*

> *Nosotros no hacemos buenas obras para ser salvos; las hacemos porque ya somos salvos.*

Sabiendo que el hombre no es justificado por las obras de la ley, sino por la fe de Jesucristo, nosotros también hemos creído en Jesucristo, para ser justificados por la fe de Cristo y no por las obras de la ley, por cuanto por las obras de la ley nadie será justificado. (Gálatas 2:16)

Puedo recordar, como el primer día, el momento que Dios me libertó de las drogas. Estaba listo para fumar algún narcótico cuando comprendí que no quería hacerlo más. El gozo y la paz que sentí en Dios fue mejor que cualquier cosa que pude haber fumado o cualquier pastilla que pude haber tomado. No me detuve de tomar drogas, para poder nacer de nuevo. Nací de nuevo y entonces tuve el poder de Dios para detenerme. Las cosas en nuestras vidas deben cambiar una vez que nacemos de nuevo. Las cosas deberían cambiar y cambiarán, pero debemos recordar siempre que somos salvos por gracia, no por obras.

> *Y si por gracia, ya no es por obras; de otra manera la gracia ya no es gracia. Y si por obras, ya no es gracia; de otra manera la obra ya no es obra.*
>
> (Romanos 11:6)

En nuestra iglesia en Dallas, en un período de unas cuatro semanas, vimos cerca de cuatrocientas personas recibir al Señor como su Salvador. Qué gran milagro de Dios. Había un hombre que vino hacia mí y me dijo, "Pastor, necesitamos bautizar a estas personas inmediatamente. Si ellas no son bautizados no estarán completamente salvas". Ahora bien, yo creo en el bautismo, pues es más poderoso y sobrenatural que lo que la gente se imagina. Pero de nuevo digo, somos bautizados porque ya somos salvos, no para ser salvos. Debemos ser cuidadosos para no ir, como los gálatas, de la fe a las obras. Cuando un pastor en Australia me dijo que las personas no estaban completamente salvas, sino hasta que fueran bautizadas, yo le pregunté: "¿Y qué del ladrón en la cruz?"

> *Y dijo a Jesús: Acuérdate de mí cuando vengas en tu reino. Entonces Jesús le dijo: De cierto te digo que hoy estarás conmigo en el paraíso.* (Lucas 23:42–43)

Este ladrón era culpable de un crimen que ameritaba la pena de muerte. Él mismo lo admitió (Véase el versículo 41). Pero clamó a Jesús. Él no tenía otra oportunidad para hacer algo más. Él no podía diezmar, ir a la iglesia o enmendar los errores que había cometido. Todo lo que podía hacer era recurrir a la gracia de Dios. *"Porque de tal manera amó Dios al mundo, que ha dado a Su Hijo unigénito, para que todo aquel que en él cree, no se pierda, más que tenga vida eterna"* (Juan 3:16).

¿Cuál fue la respuesta del Señor a este hombre? *"¿Ve a limpiarte, y después te acepto?"* ¡No! Jesús dijo: *"Hoy estarás conmigo en el Paraíso"*. Sublime gracia. Bromeando le pregunté al pastor australiano: "¿Qué hizo Jesús?" ¿Bajó Él de la cruz al ladrón, lo bautizó Él mismo, lo regresó a la cruz, y de algún modo no sabemos de eso? Él me dijo que estábamos perdiendo siete minutos de tiempo en nuestro calendario. Jesús detuvo el tiempo, bautizó al ladrón, lo regresó a la cruz y reasumió el tiempo. Este es el ejemplo perfecto de cómo nosotros podemos deslizarnos de la gracia a las obras.

El legalismo siempre libera una maldición que bloqueará la bendición. Repito, ¿debemos diezmar, ir a la iglesia, testificar y ser bautizados? Por supuesto. Pero, una vez más, estas cosas son el resultado de nuestro perdón, no la razón de nuestro perdón. Por años quise parar el uso de las drogas, pero no podía, hasta que fui salvo. La salvación me dio el poder para quitármelas. El quitármelas no me dio el poder de salvación. Somos salvos por gracia, no por obras.

Habiendo dicho esto, demos un paso más hacia delante. ¡Ocúpese de su salvación!

Por tanto, amados míos, como siempre habéis obedecido, no como en mi presencia solamente, sino mucho más ahora en mi ausencia, ocupaos en vuestra salvación con temor y temblor. (Filipenses 2:12)

Si somos salvos por gracia, no por obras, entonces ¿por que nos dijo Pablo que nos *ocupáramos de nuestra salvación*? La palabra que se usa con más frecuencia para *salvación* viene de la raíz griega de la palabra *sozo*. Esto significa: "entregar, salvar, sanar, proteger (a uno mismo), hacer bien, (hacer) completo, rescatar, seguridad". Nuestros pecados están perdonados. Por gracia hacemos del cielo nuestro hogar. Pero si queremos la bendición de Dios en nuestras vidas aquí en la tierra, entonces debemos crecer en el Señor, de gloria en gloria, Él nos cambia.

Por tanto, nosotros todos, mirando a cara descubierta como en un espejo la gloria del Señor, somos transformados de gloria en gloria en la misma imagen, como por el Espíritu del Señor. (2ᵈᵃ Corintios 3:18)

Uno de los pasajes más malinterpretados en toda la Biblia es Gálatas 3:13: *"Cristo nos redimió de la maldición de la ley, hecho por nosotros maldición (porque está escrito: Maldito todo el que es colgado en madero)".*

Pablo dijo aquí: "¿No entienden ustedes? No es lo que nosotros hagamos por Dios lo que nos salva, sino lo que Dios hizo por nosotros. Dios nos amó tanto que envió a Su Hijo Jesús no sólo para que perdonara nuestros pecados, sino también para morir

Somos salvos por gracia, no por obras.

en la cruz para romper toda maldición de nuestras vidas". Pablo dijo que si piensa que la salvación es por medio de las obras de la ley, usted está trayendo una maldición sobre usted mismo, pues nadie puede guardar todas las leyes. Es imposible. Ponga atención cuidadosamente a lo que le voy a decir. Cristo nos ha redimido de la maldición de la ley. Esto significa dos cosas: Primera, no somos salvos por guardar las leyes; somos salvos por gracia. Segunda, no solamente los pecados que cometimos (las leyes que violamos) son perdonados, sino que finalmente también las maldiciones, los castigos que vienen sobre nosotros por el pecado, son rotos por medio de Jesucristo. Finalmente, somos redimidos de la maldición de la ley.

¿Nos hemos convertido en una generación "sin ley"?

Permítame repetirlo. Somos salvos por gracia, no por obras. Pero la gracia no nos da permiso para convertirnos en personas sin ley. Miremos unos cuantos de los Diez Mandamientos enumerados en Éxodo 20.

¿Qué tal el versículo 13: *"No matarás"?* El versículo 14: *"No cometerás adulterio".* El versículo 15: *"No hurtarás".* Ahora que estamos bajo la gracia, ¿esa ley desapareció? La policía estaría en desacuerdo si usted le dice eso. Pregúntele a su esposa si, ahora que estamos bajo la gracia, el adulterio está bien. Yo podría seguir, pero estoy seguro que usted agarró la idea.

Somos salvos por gracia, no por obras. Nuestro perdón, nuestra salvación, es un don de Dios. Pero ahora que hemos "nacido de nuevo", Dios quiere cambiar algunas cosas. Es divertido cómo nosotros los predicadores podemos ser de doble ánimo. En una ocasión, hablaba con un pastor amigo mientras esperábamos para ir a la TV para llevar a cabo un teletón cristiano para levantar fondos. Estábamos hablando sobre este asunto y él me dijo: "Larry, la ley ya no se aplica más a nosotros". Yo le dije, si ese fuera el caso, entonces "cuando vayamos a la TV esta noche mejor no enseñemos a las personas a sembrar la semilla para que no tengan que recoger la cosecha, pues esa era una de las leyes de Dios. Si no estamos bajo la ley, tenemos que dejar de enseñarle a la gente a diezmar".

Traed todos los diezmos al alfolí y haya alimento en mi casa; y probadme ahora en esto, dice Jehová de los ejércitos, sino os abriré las ventanas de los cielos, y derramaré sobre vosotros bendición hasta que sobreabunde. (Malaquías 3:10)

Si no estamos bajo la ley, no necesitamos ir a la iglesia. *"No dejando de congregarnos, como algunos tienen por costumbre, sino exhortándonos; y tanto más, cuanto veis que aquel día se acerca"* (Hebreos 10:25). Si no estamos bajo la ley, debemos dejar de orar a Dios. *"Pero tú eres santo, tú que habitas entre las alabanzas de Israel"* (Salmos 22:3). Todas estas son leyes. Dios nos dio Su Palabra, incluyendo Sus leyes, para dirigirnos y guiarnos—no para atarnos, sino para hacernos libres, para que podamos ser bendecidos. *"Para que en Cristo Jesús la bendición de Abraham alcanzase a los gentiles, a fin de que por la fe recibiésemos la promesa del Espíritu"* (Gálatas 3:14). Si no entendemos este concepto, entonces abrimos la puerta para que el enemigo ataque nuestras vidas. *"No robarás"*. ¿Por qué? Porque nunca robaríamos tanto como lo que nuestro Padre en el cielo quiere darnos. No es una atadura; es libertad para recibir bendición de la mano de Dios.

El camino a la bendición de Dios

El legalismo es una maldición. La Palabra de Dios es una bendición. Pablo parecía decir que la ley era una maldición, pero esto entraría en contradicción contra sí mismo.

Y yo sin ley vivía en un tiempo; pero venido el mandamiento, el pecado revivió y yo morí. Y hallé que el mismo mandamiento que era para vida, a mí me resultó para muerte; porque el pecado, tomando ocasión por el mandamiento, me engañó, y por él me mató. De manera que la ley a la verdad es santa, y el mandamiento santo, justo y bueno.

(Romanos 7:9–12)

Eso puede sonar confuso, pero déjeme explicarlo. Pablo dijo que la Palabra de Dios (que contiene la ley—la Tora) no nos salva, sino que nos muestra lo que estamos haciendo mal, para que podamos hacer lo correcto y ser bendecidos por Dios. ¿Se ha encontrado usted algún cristiano que es un chismoso o murmurador? Quizás ese sea usted. Usted podría decir: "Oye, Larry, yo no estoy bajo la maldición de la ley. No tengo por qué dejar de chismear para ser cristiano". Usted está en lo correcto, usted no tiene que obedecer la ley de Dios en cuanto a controlar la lengua para que pueda ser salvo, pero usted debe hacerlo si quiere romper la maldición y liberar la bendición.

> *La gracia de Dios finalmente nos da la facultad para vivir la Palabra de Dios.*

Donde estamos confundidos es en la mala interpretación de la palabra *ley*. En griego hay una sola palabra para ley: *nomos*. Esto implica una lista de cosas con las que hacemos enojar a Dios. También señala nuestras faltas. El concepto de *nomos* lleva a una manera muy legalista de pensamiento. Pero en hebreo la palabra *ley* (la cual contiene la Tora, los cinco libros de Moisés) significa demostrar como "dar en el clavo". No es para demostrarnos dónde erramos, sino dónde golpeamos. No es para señalar dónde fallamos, sino cómo ser exitosos. La palabra para *ley* es *halacha*, se deriva de la raíz *halach*. En hebreo significa: "ir, caminar por el camino". Por esto es que Jesús dijo en Mateo 5:17–18:

> *No penséis que he venido para abrogar la ley o los profetas; no he venido para abrogar, sino para cumplir. Porque de cierto os digo que hasta que pasen el cielo y la tierra, ni una jota ni una tilde pasará de la ley, hasta que todo se haya cumplido.*

Jesús dijo que Su gracia no abolía la Palabra de Dios, sino que en vez de eso, finalmente nos daba la facultad para vivirla. La ley, la que Pablo dijo era buena y no mala, nos pondrá en el camino que nos llevará a todas las bendiciones por las que Jesús pagó con Su sangre.

> *¿Qué diremos, pues? ¿La ley es pecado? En ninguna manera. Pero yo no conocí el pecado sino por la ley; porque tampoco conociera la codicia, si la ley no dijera: No codiciarás.* (Romanos 7:7)

¿Es mala la ley? ¿Deberíamos abrogarla? *¡Dios no lo permita!* No es el legalismo el que nos señala nuestras fallas, sino el amor de Dios, para ponernos en el camino para que podamos acertar.

Un rabino escribió: La ley de Dios no es de hacer y no hacer; es de cómo moverse". La ley griega es de restricción. La ley hebrea es de dirección. Todo cristiano conoce los mandamientos de Dios de "amarse los unos a los otros". No creo que alguien debata esto. ¿Sabía usted que esta enseñanza es ley?

"El amor no hace mal al prójimo; así que el cumplimiento de la ley es el amor" (Romanos 13:10). El amor es el

cumplimiento de la ley. El legalismo traerá maldición a nuestras vidas, pero el estar sin ley detendrá la bendición de Dios. Un rabino escribió: "No somos castigados por nuestros pecados, sino por medio de nuestros pecados. No somos recompensados por nuestro servicio, sino por medio de nuestro servicio".

Permítame darle un ejemplo más que encontramos en Malaquías:

> *¿Robará el hombre a Dios? ¡Pues vosotros me habéis robado! Y dijisteis: ¿En qué te hemos robado? En vuestros diezmos y ofrendas. Malditos sois con maldición, porque vosotros, la nación toda, me habéis robado.* (Malaquías 3:8–9)

La Palabra de Dios dice que si robamos a Dios, somos *"malditos con maldición"*.

> *Y el diezmo de la tierra, así de la simiente de la tierra como del fruto de los árboles, de Jehová es; es cosa dedicada a Jehová.* (Levítico 27:30)

Dios nos da una ley, un camino, para Él así poder darnos, no quitarnos. Antes de que el diezmar fuera una ley, eso fue una revelación. Vea lo que dice Génesis 14:

> *Entonces Melquisedec, rey de Salem y sacerdote del Dios Altísimo, sacó pan y vino y le bendijo, diciendo: Bendito sea Abram del Dios Altísimo, creador de los cielos y de la tierra; y bendito sea el Dios Altísimo, que entregó tus enemigos en tu mano. Y le dio Abram los diezmos de todo.* (Génesis 14:18–20)

Dios le había concedido a Abraham una victoria milagrosa. Melquisedec salió a su encuentro trayendo pan y vino. Él era sacerdote de Dios.

Porque este Melquisedec, rey de Salem, sacerdote del Dios Altísimo, que salió a recibir a Abraham que venía de la derrota de los reyes, y le bendijo, a quien asimismo dio Abraham los diezmos de todo; cuyo nombre significa primeramente Rey de justicia, y también Rey de Salem, esto es, Rey de paz; sin padre, sin madre, sin genealogía; que ni tiene principio de días, ni fin de vida, sino hecho semejante al Hijo de Dios, permanece sacerdote para siempre. (Hebreos 7:1–3)

Abraham, por revelación, no por mandamiento, nos da de una idea de una victoria sobrenatural. Él trajo sus diezmos al Rey de Justicia, el Rey de Paz, quien no tiene principio ni fin, que es nuestro Sumo Sacerdote para siempre. Él dio sus diezmos al Señor. Abraham lo hizo así por revelación de Dios. Pero Dios, sabiendo que usted y yo podemos ser un poco duros para escuchar, lo escribió para que nosotros pudiéramos seguir el mismo camino (o ley) que nos guía a Su bendición y favor. Cuando Dios dice que somos malditos con maldición, no quiere decir que Dios nos ve guardando Sus diezmos para que Él nos maldiga. Desde Adán y Eva este mundo ha tenido una maldición de escasez, deuda y pobreza. Cuando obedecemos a Dios, como lo hizo Abraham, todavía estamos en este mundo, pero no somos de él. Nos movemos del sistema de la maldición del mundo y pasamos al camino de la bendición de Dios.

No permita que nadie lo ate con legalismos. Somos salvos por gracia. Pero al mismo tiempo no se pierda en el mundo. Tome el camino de Dios, Su Palabra. Cuando Tiz y yo pastoreábamos en Portland, Oregon, cada año había personas que se perdían en las montañas. Algunos se lesionaban y otros morían. ¿Por qué se perdían? Se salían del camino. Los senderos son fáciles de ver e incluso están señalados con letreros advirtiendo el peligro: "No se salga del camino". ¿Ha tratado usted de tomar un atajo? ¿Qué sucede generalmente? ¡Le toma dos veces la distancia para llegar o usted se encuentra totalmente perdido y perdiéndose de la reunión! Los senderos no están allí para restringirnos o reducirnos la velocidad. Están allí para guiarnos y mantenernos seguros.

Las leyes de Dios son la senda para llegar hacia la felicidad.

Permítame hacerle una pregunta: ¿Está usted bajo una maldición de legalismo? El tratar de ganar su salvación siempre traerá una maldición sobre usted.

Así ha dicho Jehová: Maldito el varón que confía en el hombre, y pone carne por su brazo, y su corazón se aparta de Jehová. Será como la retama en el desierto, y no verá cuando viene el bien, sino que morará en los sequedales en el desierto, en tierra despoblada y deshabitada. (Jeremías 17:5–6)

Gracias a Dios que no hemos confiado en nuestra propia justicia. No importa cuán buenos tratamos de ser, eso no se compara con la sangre de Jesús. No importa cuántas leyes guardemos, eso no puede tomar el lugar de la sublime gracia de Dios.

Venid luego, dice Jehová, y estemos a cuenta: si vuestros pecados fueren como la grana, como la nieve serán emblanquecidos; si fueren rojos como el carmesí, vendrán a ser como blanca lana. (Isaías 1:18)

Cuando usted está bajo la maldición del legalismo, usted nunca se siente digno o lo suficientemente bueno. Pero cuando usted confía en el Señor, usted no temerá nada. Usted será como árbol plantado junto al agua, y usted podrá decir: "No seré movido" del amor de Dios y Su misericordia (Véase Jeremías 17:7–8).

Por otro lado, ¿está usted fuera de la senda de Dios? ¿Ha llegado a ser usted como el hijo pródigo? ¿Necesita usted regresar a la casa del Padre? Le garantizo que Él ha estado esperando que usted regrese. Él está listo para extenderle Sus brazos alrededor del cuello, ponerle el anillo en su dedo y celebrar con un becerro gordo.

Y levantándose, vino a su padre. Y cuando aún estaba lejos, lo vio su padre, y fue movido a misericordia, y corrió, y se echó sobre su cuello, y le besó. Y el hijo le dijo: Padre, he pecado contra el cielo y contra ti, y ya no soy digno de ser llamado tu hijo. Pero el padre dijo a sus siervos: Sacad el mejor vestido, y vestidle; y poned un anillo en su mano, y calzado en sus pies. Y traed el becerro gordo y matadlo, y comamos y hagamos fiesta; porque este mi hijo muerto era, y ha revivido; se había perdido, y es hallado.

(Lucas 15:20–24)

Miremos de nuevo las dos partes de la maldición: el vivir bajo legalismo y el vivir sin ley. El legalismo lo ata. El vivir sin la ley, sin la senda de Dios, lo hará perderse. El legalismo dice que ganamos lo que Dios nos da, pero el vivir sin ley provocará que perdamos la huella. Regresemos al camino. Las leyes de Dios no son para atarnos, sino para guiarnos rápidamente a todas las bendiciones por las que pagó Jesús con Su sangre.

Oremos ahora:

Padre: en el nombre de Jesús en este momento rompo la maldición del legalismo en mi vida. Confieso con mi boca y creo en mi corazón que soy salvo por gracia. Te serviré con todo mi corazón porque Tú me amas, no para ganar Tu amor. En el nombre y la sangre de Jesucristo, en este momento rompo toda maldición religiosa de mi vida y de mi familia.

Padre: He dado Tu gracia y la ley por sentado. Perdóname. Te doy mi vida para que Tú puedas dirigirme y guiarme. Sé que lo que Tú deseas para mi vida es bendecirme en todas las maneras. Desde este día en adelante, seguiré Tu camino en cada área de mi vida. Desde este día en adelante, toda maldición queda rota y toda bendición liberada, en el nombre de Jesús. Amén.

Décimo paso para eliminar la maldición y liberar la bendición

Hijos, obedeced en el Señor a vuestro padres, porque esto es justo. Honra a tu padre y a tu madre, que es el primer mandamiento con promesa; para que te vaya bien, y seas de larga vida sobre la tierra.
—Efesios 6:1–3

Capítulo 10

Honre a su padre y a su madre

El mandamiento con promesa de bendición

esafortunadamente vivimos en los días en que el honrar e incluso respetar a los mayores parece haberse perdido. Cuando crecía, se nos enseñaba a decir, "Sí, señora" y "No, señor", no solamente hacia nuestros padres, sino a cualquier persona adulta. A eso se le llamaba respeto. Aunque la sociedad ha cambiado a través de los años, la Palabra de Dios no ha cambiado.

El mandamiento de honrar a su padre y a su madre suena simple. Tan simple que casi nunca es notado, especialmente cuando se le compara a algunos de los otros Diez Mandamientos. No obstante, si miramos detenidamente, veremos cuán importante éste es para nuestras vidas.

Honra a tu padre y a tu madre, para que tus días se alarguen en la tierra que Jehová tu Dios te da.
                                                              (Éxodo 20:12)

Un joven rico se acercó a Jesús y le preguntó, *"Entonces vino uno y le dijo: Maestro bueno, ¿qué bien haré para tener la vida eterna?"* (Mateo 19:16).

Jesús le dijo que honrara los Diez Mandamientos.

El le dijo: ¿Por qué me llamas bueno? Ninguno hay bueno sino uno: Dios. Mas si quieres entrar en la

vida, guarda los mandamientos. Le dijo: ¿Cuáles? Y
Jesús dijo: No matarás. No adulterarás. No hurtarás.
No dirás falso testimonio. Honra a tu padre y a tu
madre; y, Amarás a tu prójimo como a ti mismo.
(Mateo 19:17–19)

Una vez más, no estamos hablando de ganarnos la salvación al obedecer las leyes; todos sabemos que somos salvos por medio de la gracia, no por obras (Véase Efesios 2:8–9). Pero una vez que usted y yo hemos recibido a Jesús, no tenemos que esperar hasta llegar al cielo para disfrutar de Sus bendiciones.

Hijos, obedeced en el Señor a vuestros padres, porque
esto es justo. Honra a tu padre y a tu madre, que es
*el primer mandamiento con promesa; **para que te***
vaya bien, y seas de larga vida sobre la tierra.
(Efesios 6:1–3, el énfasis fue añadido)

La primera cosas que debemos mirar es la declaración hecha en el versículo uno. *"Hijos, obedeced en el Señor a vuestros padres"*. Dios está diciendo que los hijos deben obedecer a sus padres, quienes los guían en los caminos de Dios. Obviamente, si un padre le dice a su hijo que haga algo ilegal, la instrucción de Dios no aplicaría en ese caso. Moviéndonos de lo obvio, Dios dice que debemos honrar a nuestros padres y a nuestras madres. Luego, Él dice algo muy interesante. Este *"es el primer mandamiento con promesa"*. Después, en el versículo tres, Él nos dice cuáles son las promesas. Primera, para que nos vaya bien. Dios nos está instruyendo en que si seguimos Su enseñanza, si obedecemos y honramos a nuestros padres, nuestras vidas serán buenas. Cuán importante lección para darle a nuestros hijos. Mas el Señor no se detiene ahí. Él nos dice no sólo que la vida será buena, sino que también que será larga sobre la tierra. Yo no sé usted, pero a mí eso suena muy importante. Al honrar a mi padre y a mi madre, yo puedo tener una vida larga y bendecida sobre la tierra.

Ahora bien, es justo recordarle que para cada subida hay una bajada, para todo norte hay un sur. En este caso, necesitamos mirar el otro lado de la moneda para ver cuán importante es la Palabra de Dios aquí. Honre a su padre y a su madre para que le vaya bien. No los honre y *no* le irá bien. Honre a su padre y a su madre para que tenga larga vida sobre la tierra. No los honre y, bueno llene usted lo que falta. Al ignorar este mandamiento podríamos dar campo a una maldición que bloquea la bendición de Dios para nuestras vidas. Quisiera señalar algo aquí que podría ayudar a algunos de ustedes. Nótese que Dios no nos ordenó sentir amor por nuestros padres. Usted no puede ordenarle a

> *El amor es una emoción, mas el honrar es un acto de obediencia.*

alguien sentir amor. Este tipo de amor es una emoción, pero el honrar es un acto de obediencia. Es triste decir que, debido a sus acciones, algunos padres no se han ganado el amor de sus hijos. Si este es su caso, decídase a perdonar, decídase a que aun cuando usted no pueda decir que los ama, honrará a Dios al honrarlos a ellos de la mejor manera que usted pueda, y, Dios le honrará a usted y romperá la maldición que haya sobre usted y su familia.

Cuarenta años después

Recientemente ocurrió una de las historias más asombrosas acerca del perdón que yo haya escuchado. Un caballero de entrada edad vino a vernos a nuestra iglesia. Él no era cristiano, pero me había visto por televisión cuando hablé de honrar a su padre y a su madre para poder eliminar la maldición y liberar la bendición; este caballero tenía noventa años. Hace más de cincuenta años, él y su padre tuvieron un terrible argumento justo antes de casarse. Él y su futura esposa salieron enojados y nunca más le hablaron al papá de él. No entraré en detalles, pero él nos dijo que ellos nunca se casaron, pero se mudaron a vivir juntos en un apartamento. Ahora, escuche esto, ellos todavía viven juntos en aquel apartamentito, después de cincuenta años. Él nos expresó que parecía que ellos no podían avanzar en la vida. Al parecer algo estaba bloqueando todo lo que ellos intentaban realizar. También nos dijo que cuando ellos me escucharon enseñar acerca de esta maldición, ellos supieron que esa era la respuesta. Sus vidas habían sido largas, pero no en todo les había ido bien. Fue ahí cuando él le pidió a Dios que le perdonara; él recibió a Jesús como su Señor y Salvador, y, juntos reprendimos la maldición que estaba bloqueando su bendición. Casi un mes más tarde, después de cincuenta años en el mismo apartamento, ¡Dios les dio su primera casa!

Dios habla con determinación y Él determina lo que habla

Mark Twain dijo,"Cuando era un chico de catorce años, mi padres era tan ignorante que yo casi no resistía tener al anciano a mi lado. Pero cuando llegué a los veintiuno, me sorprendí de lo mucho que él había aprendido". Todo joven pasa por una etapa como esta en su vida. No obstante, incluso como adultos, algunas veces se nos debe recordar lo que Dios dice, viejo o joven, todos debemos honrar a nuestros padres y nuestras madres. Veamos el último versículo del Antiguo Testamento.

Él hará volver el corazón de los padres hacia los hijos,
y el corazón de los hijos hacia los padres, no sea que
yo venga y hiera la tierra con maldición.

(Malaquías 4:6)

Se nos dice que debemos permitirle al Mesías, Jesús, volver el corazón de los padres hacia los hijos, y, el corazón de los hijos hacia los padres. Si no lo hacemos, veamos lo que ocurrirá: *"...sea que yo venga y hiera la tierra con maldición"*. Dejemos que se nos grabe esto en la memoria. Debemos darnos cuenta que esta no es una maldición o problema con un sólo lado, sino que tiene varias capas. Es cierto que Dios les dice a todos los hijos e hijas que debemos honrar a nuestros padres y madres. Pero, una vez más, tenemos el otro lado.

Y vosotros, padres, no provoquéis a ira a vuestros
hijos, sino criadlos en disciplina y amonestación del
Señor.　　　　　　　　　　　　(Efesios 6:4)

¿Acaso la naturaleza humana no es algo asombroso? Nosotros tratamos la Palabra de Dios como un buffet. Pasamos por la línea y tomamos solamente lo que nos gusta. Nuestros hijos nos escuchan contarles que la Biblia dice, "deben obedecerme, yo soy su padre". Eso es cierto. Eso es lo que dice, pero tratamos al versículo cuatro como si fueran habas de Lima. *"Y vosotros, padres, no provoquéis a ira a vuestros hijos, sino criadlos en disciplina y amonestación del Seño"*. Si queremos que ellos nos honren, nosotros debemos hacer lo que podamos para no provocarlos o alejarlos. Tomemos un momento para ver uno de mis pasajes preferidos.

Casadas, estad sujetas a vuestros maridos, como
conviene en el Señor. Maridos, amad a vuestras

mujeres, y no seáis ásperos con ellas. Hijos, obedeced a vuestros padres en todo, porque esto agrada al Señor. Padres, no exasperéis a vuestros hijos, para que no se desalientes. (Colosenses 3:18–21)

En todos los años que he sido pastor, nunca me ha dejado de admirar cuantos miles de personas pueden citar Colosense 3:18, *"Casadas, estad sujetas a vuestros maridos, como conviene en el Señor".* ¡Esto incluye a hombres que ni siquiera son salvos! Ellos no podrían citar ningún otro pasaje que salvara sus almas, mas ellos saben que las esposas deben someterse a sus esposos. No obstante, veamos el siguiente versículo: *"Maridos, amad a vuestras mujeres, y no seáis ásperos con ellas".* Si yo quiero que Tiz viva conforme a lo de *"casadas, estad sujetas a vuestros maridos",* entonces ella tiene derecho a esperar el versículo 19. Lo mismo se da en *"hijos, obedeced a vuestros padres en todo, porque esto agrada al Señor. Padres, no exasperéis a vuestros hijos, para que no se desalientes"* (versículos 20–21). Todos debemos trabajar juntos en esto. ¿Por qué? Para que sea largo y bueno nuestro tiempo mientras todavía estamos aquí en la tierra.

Jesús nos dio un ejemplo vivo

Jesús nos dejó uno de los ejemplos más maravillosos para cumplir con este mandamiento. Una de las últimas cosas que Él hizo antes de morir fue dejar instrucciones para el cuidado de Su madre:

Estaban junto a la cruz de Jesús su madre, y la hermana de su madre, María mujer de Cleofás, y María Magdalena. Cuando vio Jesús a su madre, y al discípulo a quien él amaba, que estaba presente, dijo a su madre: Mujer, he ahí tu hijo. Después dijo al

discípulo: He ahí tu madre. Y desde aquella hora el
discípulo la recibió en su casa. (Juan 19:25–27)

Jesús estaba muriendo. Ni siquiera podemos imaginarnos la agonía—física y espiritual—por la que Él estaba pasando en ese momento. Con todo eso a lo que Jesús se enfrentaba, Él todavía recordó a Su madre.

El honrar a Dios no es una excusa para no honrar a nuestros padres

El año pasado me fui a cazar. Me hallaba sentado en la cima de la montaña esperando que el sol saliera, tenía un poco de tiempo para hablar con Dios. Le pregunté al Señor, "Padre, ¿hay algo que Tú quieres que haga con mi vida? ¿Hay algo que deba hacer para hallar más favor en Ti?" Dios me habló, "Quiero que llames a tu madre y a tu padre más a menudo". De todas las cosas que Él pudo haberme dicho—lee más la Biblia, ora más, da más tiempo y dinero a los pobres—Él dijo llama a tu madre y a tu padre más a menudo.

> *La bendición espiritual y la larga vida llegan por honrar a su padre y a su madre.*

Tan pronto como llegué a casa, llamé a mi hermano para preguntarle acerca del septuagésimo quinto cumpleaños de mamá y que habría una fiesta sorpresa para su cumpleaños. "¿Crees que podrás asistir?", preguntó mi hermano. En ese tiempo, vivíamos lejos de mi familia. Yo tenía muchas excusas de por qué sería difícil "honrar" a mi madre en su cumpleaños. Pensé, "Señor, tengo tantas cosas que hacer ahora mismo. Tengo la iglesia. Estamos construyendo un nuevo edificio. Tengo que cuidar del programa de televisión, estoy tratando de hacer malabares con muchas cosas". Entonces recordé que no estaba tan ocupado haciendo la obra de Dios cuando me fui de casería. Eclesiastés 1:9 dice, *"...nada hay nuevo debajo del sol"*. En Su época, Jesús también tuvo que lidiar con esto mismo.

> *Porque Dios mandó diciendo: Honra a tu padre y a tu madre; y: El que maldiga al padre o a la madre, muera irremisiblemente. Pero vosotros decís: Cualquiera que diga a su padre o a su madre: Es mi ofrenda a Dios todo aquello con que pudiera ayudarte, ya no ha de honrar a su padre o a su madre. Así habéis invalidado el mandamiento de Dios por vuestra tradición.* (Mateo 15:4–6)

Vemos que los fariseos también ponían excusas. "Señor, sé que debo honrar a mi padre y a mi madre, y realmente quiero hacerlo, pero Te estoy dando tanto, Señor". ¿Ven lo que digo? No hay ni que decirlo, Dios me enseñó una gran lección. Si yo quiero que Él bendiga todo en lo que me ocupo haciendo para Él—iglesia, edificio, TV, etc.—y si quiero que me vaya "bien" en todo, entonces se espera que yo haga lo que Él me manda: honrar a mi padre y a mi madre. ¿Qué tan ocupados estamos? ¿Demasiado ocupados para honrar la Palabra de Dios? Cuando Él yacía colgado en la cruz, Jesús, pudo haber dicho, "Mamá, estoy un poquito ocupado aquí". Mas no lo hizo. Él le dijo, "Mamá, estoy cuidando del mundo, pero no me he olvidado de cuidar de ti. Mamá, Juan es ahora tu hijo. Juan, cuida de Mi madre". Tres días después, todo salió bien para todos nosotros, y hablando de larga vida: ¡Viviremos con Él para siempre!

Niveles de bendición espiritual

Hay tres niveles de bendición espiritual que brevemente quisiera tratar aquí. Primero está la bendición que llega por honrar a nuestros padres y a nuestras madres en el hogar. Ya hemos visto lo que la Palabra de Dios dice acerca de ello. Pero, ¿qué de los que tienen autoridad sobre nosotros aquí en la tierra? *"Obedeced a vuestros pastores, y sujetaos a ellos; porque ellos velan por vuestras almas, como quienes han de dar cuenta; para que lo hagan con alegría, y no quejándose, porque esto no os es provechoso"* (Hebreos 13:17).

Vivimos en una sociedad que nos enseña a irrespetar a las autoridades. Cuando ve televisión, me avergüenza cuán fácilmente las personas se mofan de los que están en cargos políticos en nuestro país. No estoy diciendo que debemos estar de acuerdo con los que están en dichos cargos, o que nos caigan bien. Aun así debemos mostrar respeto. *"A los príncipes colgaron de las manos; no respetaron el rostro de los viejos"* (Lamentaciones 5:12). "Respete a sus mayores" solía ser una amonestación común que los padres daban a sus hijos. Creo que debemos recordar, "nunca vendrá una maldición sin causa" (Véase Proverbios 26:2). Lo que los padres enseñan a sus hijos tiene un efecto como el del dominó, sea bueno o malo, causará bendición o maldición. Todo comienza en casa. Entonces, a los niños se les debe enseñar el respeto por los que tienen autoridad en la sociedad. El tercer nivel de bendición espiritual se da al respetar al hombre o la mujer de Dios. Veamos nuevamente Hebreos 13:17:

> *Obedeced a vuestros pastores, y sujetaos a ellos; porque ellos velan por vuestras almas, como quienes han de dar cuenta; para que lo hagan con alegría, y no quejándose, porque esto no os es provechoso*

Obviamente, Dios no estaba hablando de rendir una obediencia ciega a cualquier persona; no obstante, si usted ha decidido que Dios ha puesto a un hombre o una mujer en su vida como pastor, "permita que lo haga con gozo y no con quejas". Me encuentro con tantos pastores que están exhaustos. No por el diablo, sino por el pueblo al que han sido enviados a ayudar. Recuerde, cosechamos lo que sembramos. *"No os engañéis; Dios no puede ser burlado: pues todo lo que el hombre sembrare, eso también segará"* (Gálatas 6:7). Si queremos respeto, debemos dar respeto. Toda semilla produce fruto de acuerdo a su género.

Veamos un pasaje muy poderoso:

E irá delante de él con el espíritu y poder de Elías, para hacer volver los corazones de los padres a los hijos, y de los rebeldes a la prudencia de los justos, para preparar al Señor un pueblo bien dispuesto.

(Lucas 1:17)

Cuando el ángel se le apareció a Zacarías, el padre de Juan el Bautista, él repitió la profecía hallada en Malaquías. *"Él hará volver el corazón de los padres hacia los hijos, y el corazón de los hijos hacia los padres"* (Malaquías 4:6).

Cuando nosotros, los hijos de Dios, estamos dispuestos a seguir Sus mandamientos, nosotros podemos liberar las promesas de Dios para nuestras vidas, *"para preparar al Señor un pueblo bien dispuesto"*. Jesús nos prometió que Él regresaría, Él vendrá por una iglesia gloriosa, una iglesia que manifieste cada una de Sus promesas, incluyendo la de *"Honra a tu padre y a tu madre... para que te vaya bien"*.

Sostuve una reunión en una iglesia en la costa oeste, en la cual enseñé sobre las 10 Maldiciones que Bloquean la

Bendición. Casi un mes después, el pastor de la iglesia llamó y me contó la historia de una dama en su congregación. Después que enseñé acerca de "honrar a su padre y a su madre", ella llamó a su papá al día siguiente. Ella no había hablado con él en diez años. Antes de que él muriera, ella pudo enmendar la relación difícil que ellos sostenían y recibir el amor de su padre, quien ella ahora necesitaba en su vida. Además, ella recibió una herencia grande, la cual no se le hubiera dado si ella no hubiera honrado a su padre.

Me pregunto qué es lo que Dios está esperando liberad en su vida, para que le vaya bien en todo. Enseñe a sus hijos a respetar y honrar a sus mayores. Eliminemos la maldición y liberemos la bendición. Como hijo, no importa la edad que tenga, ¿honra usted a su padre y a su madre? Si usted es padre, ¿ha provocado a ira a sus hijos? Recuerde lo que el Señor dijo en Mateo 5:9: *"Bienaventurados* [ungidos de Dios] *los pacificadores".*

> *No importa la edad que usted tenga, todavía hay tiempo para que usted honre a sus padres.*

Ore conmigo:

Padre, ahora mismo, en el nombre de Jesús, prometo honrar a mi padre y a mi madre. Por medio de la sangre de Jesús, rompo toda maldición que haya sobre mi familia y sobre mí.

Conclusión

S i se me pidiera dar una declaración de misión para mi vida y ministerio, eso sería fácil: Enseñar al pueblo de Dios a ganar. Quiero decirlo una vez más, si todo lo que Jesús hizo fue perdonar nuestros pecados para que algún día pudiéramos hacer del cielo nuestro hogar, no podríamos amarle lo suficiente, adorarle lo suficiente o servirle lo suficiente. Mas gracias a Dios que eso no fue todo lo que Él hizo. Él le amó a usted y a mí tanto que vino a bendecirnos en todas las áreas de nuestras vidas. *"Yo he venido para que tengan vida, y para que la tengan en abundancia"* (Juan 10:10). Me encanta esa letra *y*. No solamente vida, sino vida en abundancia. Jesús vino y derramó Su preciosa sangre redentora, para que usted y yo pudiéramos tener una vida abundante y triunfante.

Primera de Pedro 1:8 habla de *"con gozo inefable y glorioso"*.

- *Este es su momento para tener tanto gozo en su vida que las palabras no lo puedan describir.*

- *Este es su momento para tener una vida llena de gloria.*
Una vida que vea cumplida cada promesa de Dios.

- *Este es su momento para un triunfo financiero, donde usted tenga más que suficiente.*

Medida buena, apretada, remecida y rebosando darán en vuestro regazo. (Lucas 6:38)

- *Este es su momento para recibir sanidad.*

  Por su llaga fuimos nosotros curados. (Isaías 53:5)

- *Este es su momento para ver a su familia salva y sirviendo a Dios.*

  Pero yo y mi casa serviremos a Jehová (Josué 24:15). Todos en su hogar serán bautizados juntos (Véase 1ra Corintios 1:16).

- *Este es su momento para romper toda maldición familiar.*

  En aquellos días no dirán más: Los padres comieron las uvas agrias y los dientes de los hijos tienen la dentera, sino que cada cual morirá por su propia maldad; los dientes de todo hombre que comiere las uvas agrias, tendrán la dentera. He aquí que vienen días, dice Jehová, en los cuales haré nuevo pacto con la casa de Israel y con la casa de Judá. No como el pacto que hico con sus padre el día que tomé su mano para sacarlos de la tierra de Egipto; porque ellos invalidaron mi pacto, aunque fui yo un marido para ellos, dice Jehová. Pero este es el pacto que haré con la casa de Israel después de aquellos días, dice Jehová: Daré mi ley en su mente, y la escribiré en su corazón; y yo será a ellos por Dios, y ellos me serán por pueblo. (Jeremías 31:29–33)

- *Este es su momento para liberar toda bendición por la cual Jesús ha pagado por completo con Su obediencia al Padre.*

  En Juan 19:30, Jesús dijo, *"Consumado es"* ¿Quién dice usted que es Jesús? Él es nuestro Salvador, nuestro Sanador. Él es Jehová Yiré, nuestro proveedor. Él es el Rey de reyes y Señor de señores. Él es la resplandeciente estrella de la mañana. Él es el camino, la verdad y la vida. Jesús es todo eso para usted y para mí—y muchísimo más. No obstante, si tuviéramos que poner en una pequeña oración quién es Jesús, no podríamos dar mejor respuesta que la que dio Pedro.

Él les dijo: Y vosotros, ¿quién decís que soy yo? Respondiendo Simón Pedro, dijo: Tú eres el Cristo, el Hijo del Dios viviente. (Mateo 16:15–16)

Jesús, Tú eres el Cristo, el Ungido de Dios, quien eliminará toda carga y romperá todo yugo. Acontecerá en aquel tiempo que su carga ser'a quitada de tu hombro, y su yugo de tu cerviz, y el yugo se pudrirá a causa de la unción (Isaías 10:27). Nuestros pecados no solamente serán perdonados, sino que toda maldición será rota y toda bendición será liberada.

Siento que el Señor quiere que ore por usted.

Padre, rompo toda maldición que tenga esta persona, en el nombre de Jesús. Yo rompo la maldición que destruirá a su familia, sus finanzas y su futuro. Rompo toda maldición que pueda impedir que sus seres queridos sirvan a Dios. Yo rompo la maldición de la enfermedad y el desastre. Y, Padre, libero toda bendición que haya sido detenida, por la cual Jesús ya pagó por completo con Su sangre. ¡La libero ahora mismo, en el nombre de Jesús!

Busque sus milagros. ¡La maldición ha sido rota y la bendición ha sido liberada!

Oro para que esta enseñanza haya sido de bendición y triunfo en cada área de su vida. Si todavía no ha leído *Libre al Fin: Eliminando el Pasado de su Futuro*, le animo a que lo haga ya mismo. Envíeme su testimonio de victoria. Me anima grandemente el escuchar del poder milagroso de Dios. Si alguna vez pasa por el área de Dallas o Fort Worth, venga a vernos a Tiz y a mí a *DFW New Beginnings*. Nos encantaría orar por usted. ¡No es maravilloso saber que Jesús eliminó la maldición y liberó la bendición!

Notas

Chapter 1

[1] Los siete lugares en los que Jesús vertió Su sangre se tratan con mayor detalle en mi libro *Free at Last* (Libre al Fin).

Chapter 6

[1] Estas estadísticas y más se pueden encontrar en http://www.abortionno.org/Resources/fastfacts.html.

Acerca del autor

L arry Huch es el fundador y Pastor principal de *DFW New Beginnings* en Irving, Texas, una iglesia que ministra a más de tres mil personas. Durante los últimos veinte años, él y su esposa, Tiz, han sido pioneros de siete iglesias en los Estados Unidos y Australia. El éxito de estas iglesias se debe al entusiasmo de ambos y el amor por las personas, el compromiso personal de ambos para con el evangelismo y su enseñanza excelente y eficaz. Ellos tienen un corazón para ayudar a los creyentes a llegar a ser exitosos y realizados en todas las áreas de sus vidas. El enfoque del ministerio de los Huch se centra en conectar a los cristianos a sus raíces judías, como también a romper las maldiciones familiares.

Uno de los distintivos de su iglesia es la diversidad racial, económica y cultural. *DFW New Beginnings* desafía al viejo adagio de que "las 11 a.m. en un día domingo es la hora más segregada de la semana". El mensaje del Pastor Larry enérgicamente declara que Dios es un Dios bueno y que Su amor por todas las personas puede transformarlos sin importar su pasado. Este poderoso mensaje es llevado al mundo por medio de su programa de televisión *Free at Last* (Libre al Fin), el cual llega a millones de hogares.

El testimonio personal del Pastor Larry de salir de una vida de drogadicción, crimen y violencia, por medio del poder salvador de Jesucristo, es solamente una parte del impacto de su ministerio. Su testimonio de cómo Jesús después lo libertó de la maldición generacional del enojo es una poderosa ilustración de su enseñanza en cuanto a cómo las iniquidades de los padres pasan de una generación a la siguiente. Debido a su mensaje que cambia vidas, muchas personas están siendo libertadas y permanecen libres.

Antes de *10 Maldiciones que Bloquean la Bendición*, Huch escribió *Free at Last: Removing the Past from Your Future (Libre al Fin: Eliminando el Pasado de su Futuro)*, su sello introductorio a ser libertado de las esclavitudes generacionales.

El Pastor Larry y Tiz son padres orgullosos de tres maravillosos hijos quienes están activos en el ministerio.

Para mayor información acerca del ministerio del Pastor Larry Huch, visite su sitio electrónico a: www.larryhuchministries.com

El Poder de la Sangre

Mary K. Baxter
con el Dr. T. L. Lowery

Por medio de su propia experiencia y las experiencias
personales de otros, Mary K. Baxter la autora de
libros de mayor venta muestra cuantas vidas han sido
transformadas para siempre por el poder de la sangre
de Jesús. Cualquiera que sea su situación, usted puede
tener nueva intimidad con su Padre celestial y recibir
milagrosas respuestas a sus oraciones—por medio
del poder de la sangre.

ISBN: 978-0-88368-987-5 • Rústica • 288 páginas

WHITAKER
HOUSE

www.whitakerhouse.com

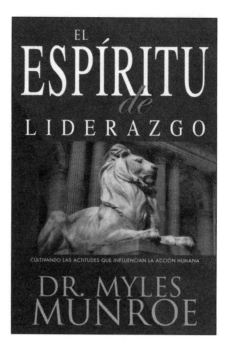

El Espíritu de Liderazgo

Dr. Myles Munroe

En *El Espíritu de Liderazgo* define la singular actitud
que todo líder eficaz presenta, cómo eliminar los
obstáculos a sus habilidades de liderazgo, y, cómo
cumplir con su llamado particular en la vida. ¡Con
sabiduría y poder, el Dr. Munroe revela una riqueza de
ideas prácticas que le motivará a cambiar de ser un
simple seguidor al líder que usted fue diseñado a ser!

ISBN: 978-0-88368-995-0 • Rústica • 304 páginas

www.whitakerhouse.com

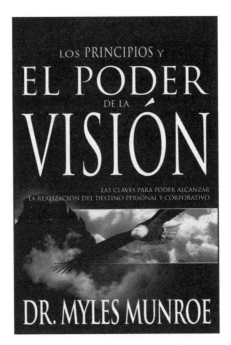

Los Principios y el Poder de la Visión
Dr. Myles Munroe

El autor de best-sellers, Dr. Myles Munroe explica la
forma cómo tú puedes llegar a hacer de tus sueños y
de tus esperanzas una realidad viviente. *Los Principios y
el Poder de la Visión* te va a proveer con principios que
han sido probados a través de los tiempos, y que te
van a capacitar para poder llevar a cabo tu visión, sin
importar quién eres tú, o de dónde vienes tú.

ISBN: 978-0-88368-965-3 • Rústica • 272 páginas

WHITAKER
HOUSE

www.whitakerhouse.com

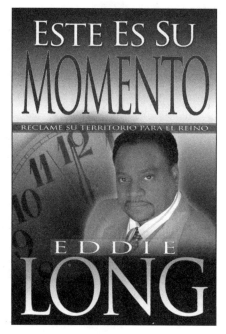

Este Es Su Momento
Eddie Long

Como creyentes, ¿hemos permitido que el mundo nos silencie?
Permitiendo que lentamente corroa nuestro derecho a la libre
expresión…Aprobando leyes que dicen que el matrimonio no
necesariamente es entre un hombre y una mujer…Que el asesinato es
bueno…Que está mal el desplegar los Diez Mandamientos…¿Es eso
realmente igualdad para todos, excepto para los cristianos? Únase a Eddie
Long para reclamar lo que ha sido perdido.Él le inspirará a levantarse,
tomar autoridad y valientemente afirmar su poder como creyente.
¡Cristianos, hablen! Ahora es el momento para que se escuche
nuestra voz unificada, para tomar una posición y permanecer juntos.
Este es nuestro momento.

ISBN: 978-0-88368-791-8 • Rústica • 192 páginas

WHITAKER
HOUSE

www.whitakerhouse.com